Julia Morat

PassioneCooking
Meine italienische Küche

Julia Morat

PASSIONE COOKING

Meine italienische Küche

RÆTIA

Für Linda und Mara. Meine Lieblingshilfsköchinnen.
Sie, die sich schon gern mal hinter die Kamera stellen,
wenn ich beschließe, selbst mit aufs Bild zu kommen.
Sie, meine Sonnen, auch wenn es draußen regnet.
Sie, meine Zwei und Alles.

Inhaltsverzeichnis

SÜSSES

FAMILIENREZEPTE

WENN ES MAL AUFWENDIGER SEIN KANN

Geborene Südtirolerin, oder auch Italienerin deutscher Muttersprache, wie ich zu sagen pflege. Ich liebe meine zwei Mädels, meinen Mann und das Leben. Ich verabscheue Lügen, Arroganz und ... Fondant.

So manch einer sucht den Friseur auf, um zu relaxen, ich verkriech mich hierfür immer in die Küche. Die Liebe fürs Kochen habe ich von meiner Mama geerbt; als ich noch klein war, habe ich ihr immer gerne geholfen und sie dabei stets genau beobachtet. Als ich neun Jahre alt war, habe ich meinen ersten Kuchen ohne ihre Hilfe gebacken. Seitdem hab ich diese Leidenschaft immer weitergepflegt und auch gerne verschiedene Kombinationen und Neues ausprobiert. Es gibt da aber etwas, das ich nicht so gut kann: nach Rezept kochen. Ich versuche es, wirklich, aber es gibt da diesen Reiz, immer was anders zu machen, hier was dazugeben, dort was weglassen und bis zum Schluss habe ich dann ein total anderes Gericht auf dem Teller. Natürlich kommt es auch vor, dass mir mal was nicht so gut gelingt und meine Erwartungen nicht erfüllt, aber das gehört dazu, zumindest habe ich es versucht.

Kochzeitschriften und -bücher zu durchstöbern, zu denen dann im Internetzeitalter noch Kochseiten und Blogs dazugekommen sind, war schon immer eine meiner Lieblingsbeschäftigungen, also habe ich 2015 beschlossen, meinen persönlichen Kochblog zu öffnen (www.passionecooking.it). Ein kleiner Ort im großen World Wide Web, wo ich einfach meine Rezepte poste, von traditionellen bis zu neu interpretierten und auch selbst experimentierten. Umrahmt werden die Rezepte von Anekdoten und Ereignissen aus meinem Alltag, die stets mit etwas Ironie wiedergegeben werden, denn ihr wisst ja, Ironie ist wie ein Gewürz, sie gibt den Gerichten, ups ... dem Leben, eine besondere Note. Wer Ironie wahrnimmt, kann darüber lachen, und Lachen ist gesund.

Dies vorausgeschickt muss ich allerdings auch zugeben, dass ich zwei besondere und wunderbare Hilfsköchinnen habe. Sie sind erst fünf und acht Jahre alt, aber schon seit Langem meine Inspirationsquelle Nummer 1. Sie erfinden mittlerweile selbst neue Gewürz- und Zutatenkombinationen. Jedes Mal, wenn ich frage, „Was soll ich heute kochen?", und jedes Mal, wenn ich ein neues Gericht auf den Tisch stelle, heißt es sogleich: „Mami, hast du dies nach Rezept gekocht oder ist das ein Experiment?"

Ach ja, und dann gibt es noch die Fotos. Ich liebe es, die von mir zubereiteten Gerichte zu fotografieren, vor allem Kuchen und Süßes, denn hierfür habe ich meist mehr Zeit, ohne dass jemand versucht, mir was vom Set wegzuessen.

Kochen braucht seine Zeit, aber auch das Fotografieren ist nicht zu unterschätzen. Vor allem im Winter ist dies eine ziemliche Herausforderung, da es ohnehin nur wenige Sonnenstunden gibt. Denn wenn ich etwas an der Fotografie liebe, ist es das Tageslicht, kein Blitz, keine Extralampen, nur mein Gericht und das Tageslicht.

In diesem Buch findet ihr Familienrezepte – die ich stets sorgfältig gehütet habe –, schnelle und einfache Rezepte für den Alltag und auch einige aufwendigere Rezepte, für besondere Anlässe und Festtage. Eine ausgewogene Mischung an Gerichten, Geschmacksrichtungen und Farben ... umrahmt von einer Prise Ironie.

Wenn ihr euch fragt, wie es mir in den Sinn gekommen ist, ein Kochbuch zu schreiben, na ja, was soll ich sagen, das ist eine gute Frage. Irgendwann kam in mir langsam der Gedanke dazu auf, dann wurde er zu einem Traum und schlussendlich zu einer umsetzbaren Idee. Hier ist es jetzt, schwarz auf weiß, und ich hoffe, man kann die Leidenschaft und Hingabe, die ich in dieses Buch gesteckt habe, an jedem einzelnen Rezept und jedem einzelnen Bild erkennen.

Ich habe schon erwähnt, dass man in der Küche immer Neues probieren soll, aber was noch wichtiger ist, man soll nie aufzuhören, den eigenen Träumen nachzugehen, nie. Im Leben ist alles machbar, und wenn jemand das Gegenteil behauptet, lacht ihn an, bedankt euch und dann dreht euch um und geht genau euren Weg weiter, noch überzeugter als vorher.

Julia Morat

SCHNELL & EINFACH

Zweierlei Crostoni

Ach, Crostini und Crostoni, man kann sie auf unzählig verschiedene Arten zubereiten und auch mit den einfachsten Belägen werden sie von allen gerne gegessen. Perfekt zum Aperitif in fröhlicher Runde, aber auch schlicht und einfach zum Abendessen, wenn man mal spät nach Hause kommt, denn alles, was man benötigt, ist eine Scheibe Brot und wenig mehr. Hier für euch zwei meiner Lieblingsvarianten.

FÜR DIE TOMATEN-CROSTONI

❶ Petersilie waschen, trocken schütteln und zusammen mit dem geschälten Knoblauch fein hacken. ❷ Alles in eine kleine Schüssel geben, Olivenöl und eine Prise Salz hinzufügen, umrühren und beiseitestellen. ❸ Eine Pfanne erwärmen und in der Zwischenzeit die Brotscheiben mit etwas Olivenöl beträufeln, dann auf beiden Seiten anrösten. ❹ Cocktailtomaten waschen, trocken tupfen und halbieren. ❺ Die getrockneten Tomaten etwas abtropfen lassen und grob hacken. ❻ Sobald die Brotscheiben angeröstet sind, auf einen Teller legen und mit Burrata, Cocktailtomaten, getrockneten Tomaten und gehackter Petersilie belegen.

FÜR DIE SPECK-CROSTONI

❶ Den Speck von der Schwarte befreien und in 2 mm dünne Streifen schneiden. ❷ Walnüsse grob hacken, Trauben waschen, halbieren und beiseitelegen. ❸ Etwas Öl in einer Pfanne erhitzen und die Speckstreifen darin knusprig braten, beiseitestellen. ❹ In derselben Pfanne die gehackten Walnüsse wenige Minuten unter Rühren rösten, damit sie nicht anbrennen, herausnehmen und beiseitestellen.

→

Für 4 Crostoni

FÜR DIE TOMATEN-CROSTONI

5	Zweige Petersilie
½	Knoblauchzehe
4 EL	Olivenöl
1 Prise	Salz
2	Scheiben Pane Pugliese (italienisches Hartweizen-Weißbrot)
12	Cocktailtomaten
4	getrocknete Tomaten, in Öl
250 g	Burrata

FÜR DIE SPECK-CROSTONI

100 g	Speck
4	Walnüsse
150 g	Trauben (grüne und rosé)
etwas	Samenöl
1 EL	Balsamicoessig
2	Scheiben Pane Pugliese (italienisches Hartweizen-Weißbrot)
70 g	Ziegen- oder Kuhmilch-Frischkäse
etwas	Honig

 15 Minuten
10 Minuten
niedrig

❺ Anschließend die Trauben in die Pfanne geben, 1–2 Minuten bei starker Hitze anbraten und mit Balsamicoessig ablöschen. Gut vermischen und vom Herd nehmen. ❻ Die Brotscheiben mit etwas Olivenöl beträufeln und in der Pfanne auf beiden Seiten anrösten. ❼ Geröstete Brotscheiben auf einen Teller legen, mit Frischkäse bestreichen und mit Balsamico-Trauben, Speck und gerösteten Nüssen belegen. ❽ Zum Schluss noch etwas Honig drüberträufeln.

TIPP

Die Burrata direkt mit den Händen in Stücke reißen, so bleiben Geschmack und Konsistenz am besten erhalten.

Brennnessel-Muffins mit Cocktailtomaten

Für 12 Muffins

120 g	Brennnesselblätter, frisch
12	Cocktailtomaten
4	Frühlingszwiebeln
6 EL	Samenöl
2	Eier
120 g	geriebener Parmesankäse
200 g	Stracchino (italienischer Frischkäse)
30 g	Polentamehl (Meraner Mühle)
80 g	Dinkelmehl (Meraner Mühle)
1 TL	Salz
etwas	Pfeffer
4 EL	Sahne

15 Minuten

25 Minuten

niedrig

vegetarisches Rezept

Klein und bunt, süß oder herzhaft, Muffins begeistern stets Jung und Alt. Sie machen sich auch gut auf einem Buffet oder zum Brunch und sind auch für ein Picknick im Freien sehr geeignet.

❶ Handschuhe anziehen, die Brennnesselblätter waschen und trocken schütteln bzw. auf einem sauberen Tuch trocknen lassen. Cocktailtomaten waschen, trocken tupfen und beiseite legen. ❷ Ein Muffinblech mit Papiermanschetten auslegen bzw. die Mulden mit etwas Öl bepinseln. ❸ Backofen auf 180 °C (Ober-/Unterhitze) vorheizen. ❹ Die Frühlingszwiebeln waschen, trocknen und in dünne Ringe schneiden. ❺ Das Öl in einer Pfanne erwärmen und die Zwiebelringe darin eine Minute anbraten, Brennnesselblätter hinzufügen und weitere 2 Minuten bei starker Hitze rösten. ❻ Mit einem halben Glas Wasser ablöschen und einige Minuten weichdünsten lassen. Vom Herd nehmen. ❼ Die Eier in eine Schüssel geben, Parmesankäse und Stracchino hinzufügen und alles gut mit dem Schneebesen verquirlen. ❽ Polentamehl, Dinkelmehl, Salz, Pfeffer und Sahne dazugeben. ❾ Alles kurz verrühren, bis keine Mehlspuren mehr sichtbar sind. ❿ Die gedünsteten Brennnesselblätter unterheben. ⓫ Den Teig auf die 12 Muffinmulden verteilen, in die Mitte jeweils eine Cocktailtomate legen und leicht andrücken. Bei 180 °C ca. 25 Minuten backen (Stäbchenprobe). ⓬ Kalt oder warm servieren.

TIPP
Anstatt Brennnesseln kann man auch Spinat oder Löwenzahn verwenden.

Blätterteigteilchen mit Ziegenkäse, Speck und Feigen

Für 12–16 Blätterteigteilchen

60 g	Speck
1 EL	Pistazien
1 Rolle	Blätterteig (rechteckig)
200 g	Ziegenkäse
etwas	Honig
3	Feigen
3–4	Zweige Thymian

15 Minuten

12–15 Minuten

niedrig

Wenn Feigen Saison haben, kommen diese Blätterteigteilchen beim Aperitif oder Brunch immer bestens an. Süß und herzhaft zugleich, überzeugen sie durch ihren einzigartigen Geschmack.

❶ Backofen auf 180 °C (Umluft) vorheizen. ❷ Speck in kleine Würfel schneiden, Pistazien hacken. ❸ Blätterteig ausrollen und in 12 oder 16 Quadrate schneiden. ❹ Quadrate mit einer Gabel einstechen und auf ein mit Backpapier belegtes Blech legen. ❺ Jeweils mit etwas Ziegenkäse belegen, einige Tropfen Honig drüberträufeln und Speck sowie Pistazien darauf verteilen. ❻ Bei 180 °C 12–15 lang Minuten goldgelb backen. ❼ In der Zwischenzeit Feigen waschen, trocken tupfen und in dünne Scheiben schneiden.
❽ Blätterteigteilchen aus dem Backofen nehmen und mit Feigen, etwas Honig und Thymianblättern garnieren.

TIPP
Diese Blätterteigteilchen sind sowohl warm als auch kalt sehr lecker.

Orangen-Hühner-Spießchen

Für 10 Spießchen

10	Zweige Rosmarin, ca. 15 cm lang
2	Bio-Orangen
4–5 EL	Olivenöl
etwas	Salz
etwas	Pfeffer
400 g	Hühnerbrust
10	schwarze Oliven

10 Minuten

30 Minuten

5 Minuten

niedrig

Ob in der Pfanne gebraten oder auf dem Grill, diese bunten Spießchen sind ein Hingucker auf jedem Tisch. Die Zubereitung ist ganz einfach und kann auch schon am Vortag erledigt werden. So muss man sie bei Bedarf nur noch braten.

❶ Rosmarin waschen, trocken schütteln und Nadeln abzupfen, bis auf 2–3 cm an der Spitze. ❷ Die entnommenen Nadeln fein hacken und in eine kleine Schüssel geben. ❸ Orangen waschen und trocken tupfen, Schale abreiben und zum Rosmarin geben. ❹ Anschließend den Saft einer Orange, das Olivenöl, Salz und Pfeffer hinzufügen, gut vermischen und beiseitestellen. ❺ Die zweite Orange zuerst in Scheiben und dann in Stücke schneiden. ❻ Hühnerbrust in ca. 2 cm große Würfel schneiden. ❼ Die Rosmarinzweige als Spießchen verwenden und abwechselnd Hühnerbrust-würfel und Orangenstücke aufstecken, mit einer schwarzen Olive abschließen. ❽ Die Spießchen reichlich mit der Rosmarin-Orangen-Marinade bepinseln und zugedeckt ca. 30 Minuten ziehen lassen. ❾ In einer Bratpfanne etwas Öl erwärmen und die Spießchen darin ca. 6 Minuten auf allen Seiten anbraten, ab und zu mit weiterer Marinade bepinseln. ❿ Warm oder lauwarm mit einer Prise Salz servieren.

TIPPS

● Man kann die Spießchen auch am Vortag zubereiten und sie über Nacht im Kühlschrank marinieren.
● Zur Abwechslung kann man anstatt Orangen Zitronen verwenden.

Garnelen in der Mandelkruste

Saftige Garnelen umhüllt, von einer knusprigen Mandel-panade. Da sie vor dem Panieren nur in Zitronensaft mariniert werden, sind sie auch bei Ei-Intoleranz geeignet.

❶ Garnelen unter kaltem Wasser abwaschen. ❷ Beine, Schale und Schwanz entfernen, Rücken einschneiden und Darm entfernen. ❸ Nochmals abbrausen und mit Küchen-papier trocken tupfen. ❹ Die Garnelenschwänze zusammen mit dem Zitronensaft in eine Schüssel geben, vorsichtig umrühren und 15–20 Minuten marinieren. ❺ Backofen auf 200 °C (Ober-/Unterhitze) vorheizen. ❻ Mandeln im Mixer zerkleinern, aber nicht zu fein. ❼ Anschließend in eine Schüssel geben und mit Semmelbröseln, Kurkuma, Salz, Pfeffer und ca. 4 Esslöffeln Olivenöl vermischen.
❽ Die marinierten Garnelen einzeln in der Mandel-Brösel-Mischung wenden und diese dabei leicht andrücken.
❾ Dann auf Holzspießchen aufstecken und auf ein mit Backpapier belegtes Blech legen. ❿ Mit etwas Olivenöl beträufeln und bei 200 °C ca. 12 Minuten backen, nach 6 Minuten einmal wenden, so wird die Panade gleichmäßig knusprig. ⓫ Aus dem Ofen nehmen und mit Zitrone servieren.

TIPP
Anstatt Mandeln kann man auch Pistazien verwenden.

Für 4 Personen

500 g	Garnelen
2	Zitronen (Saft)
4 EL	Mandeln
4 EL	Semmelbrösel
½ TL	Kurkuma
1 TL	Salz
etwas	Pfeffer
4 EL	Olivenöl
etwas	Zitrone

 15 Minuten
 15–20 Minuten
🖼 12 Minuten
🍳 niedrig

Spaghetti mit Ofengemüse und Kurkuma

Für 4 Personen

300 g	Zucchini
300 g	Melanzane
200 g	Cocktailtomaten
etwas	Olivenöl
2 TL	Kurkumapulver
1 TL	Knoblauchpulver
etwas	Salz
400 g	Spaghetti
etwas	Petersilie
etwas	Basilikum

🕐 25 Minuten
🍽 25 Minuten
😊 niedrig
Ⓥ vegetarisches Rezept

Wenn wir eine Großstadt besuchen, liebe ich es besonders, durch ihren Markt zu schlendern. In Valencia der Mercado Central, in Wien der Naschmarkt, in Barcelona der Mercat Central, in Rotterdam die Markthalle … ich könnte stundenlang darin verbringen, zwischen all dem frischen Obst und Gemüse, den lokalen Wurstwaren und den Gewürzen aus aller Welt. Das Kurkumapulver zum Beispiel, das ich für diese Spaghetti verwendet habe, habe ich in Rotterdam gekauft. Es war unsere erste Hollandreise und ich bin immer noch von der Schönheit dieses Landes fasziniert – von den kleinen Dörfern bis zu den Windmühlen am Fluss, von den Tulpenbeeten bis zu den ebenmäßigen Sanddünen mit ihren Wildhasen und Möwen und den weiten Stränden dahinter – einfach wunderschöne Erinnerungen.

❶ Den Backofen auf 180 °C (Umluft) vorheizen. ❷ Das Gemüse waschen und trocken tupfen. ❸ Melanzane und Zucchini in Würfel schneiden, Cocktailtomaten halbieren. ❹ Das Gemüse in eine Schüssel geben und einige Esslöffel Olivenöl, Kurkumapulver sowie Knoblauchpulver und Salz hinzufügen. Alles gut vermischen. ❺ Das Gemüse auf einem mit Backpapier belegten Blech verteilen und bei 180 °C ca. 25 Minuten backen, bis es gar ist. ❻ In der Zwischenzeit ausreichend Wasser in einem großen Topf zum Kochen bringen, salzen und die Spaghetti darin bissfest garen. ❼ Anschließend abseihen und dabei etwas Kochwasser beiseitestellen. ❽ Die Spaghetti zurück in die Pfanne geben, Ofengemüse und etwas Kochwasser untermischen, damit sie schön cremig werden. ❾ Die Spaghetti vor dem Servieren mit gehackter Petersilie und einigen Basilikumblättern garnieren.

SCHNELL & EINFACH

Nudeln mit Roten Rüben und Ricotta

Für 4 Personen

320 g	kurze Nudeln
250 g	Rote Rüben, gekocht
125 g	Ricotta
etwas	Knoblauchpulver
etwas	Salz
etwas	Pfeffer

🚫 **10 Minuten**
🍱 **10 Minuten**
🍲 **niedrig**
Ⓥ **vegetarisches Rezept**

„Prinzessinnennudeln", so heißt dieses Gericht bei uns zu Hause. Einerseits aufgrund der unverwechselbaren pink-lila Farbe, aber auch weil meine Mädels, die von roten Rüben anfänglich nichts wissen wollten, durch dieses Gericht endlich entdeckt haben, wie gut sie schmecken. Oft muss man nur ein bisschen erfinderisch und kreativ sein, um etwas zu erreichen.

❶ Ausreichend Wasser in einem großen Topf zum Kochen bringen, salzen und die Nudeln dazugeben. ❷ Die gekochten roten Rüben in Würfel schneiden und zusammen mit der Ricotta in ein hohes Gefäß geben, Salz, Pfeffer und Knoblauchpulver hinzufügen und mit dem Pürierstab pürieren. ❸ Die Nudeln bissfest abseihen, dabei etwas Kochwasser beiseitestellen. ❹ Dann die Nudeln wieder in den Topf geben und die Rüben-Ricotta-Creme drübergießen. ❺ Etwas Kochwasser dazugeben, bei schwacher Flamme alles gut vermischen und servieren.

TIPP
Dieses Rezept schmeckt auch mit Kürbis anstatt roten Rüben.

Spaghetti mit Curry und Speck

Ein Pasta-Gericht, das im Nu fertig ist. Die Soße wird ganz rasch zubereitet, während die Nudeln kochen. Auch für den nächtlichen Hunger oder die „Mitternachts-Spaghettata", wie wir Italiener sie so schön nennen, perfekt geeignet. Da fällt mir ein, es ist schon ewig her, dass ich an so einem Mitternachtsschmaus teilgenommen habe, denn wenn man einmal Kinder hat, ist man ja auch zu Silvester kaum einmal bis Mitternacht wach. Da begrüßt man das neue Jahr ja höchstens bequem auf dem Sofa liegend und schafft es gerade noch, ihm zuzuwinken, bevor man sich ins Reich der Träume begibt.

Für 4 Personen

350 g	Spaghetti
125 g	Speck
2 EL	Samenöl
1 TL	Curry
225 ml	Sahne
etwas	Salz

 15 Minuten
 10 Minuten
niedrig

❶ Ausreichend Wasser in einem großen Topf zum Kochen bringen, salzen und die Spaghetti dazugeben. ❷ In der Zwischenzeit den Speck von der Schwarte befreien und in kleine Würfel schneiden. ❸ In einer Pfanne 2 Esslöffel Öl erwärmen und die Speckwürfel darin einige Minuten anrösten. ❹ Das Currypulver hinzufügen und eine weitere Minute rösten. ❺ Nun die Sahne dazugießen und alles gut verrühren. ❻ Etwas salzen, aber nur wenig, da Curry und Speck schon würzig sind. ❼ Bei schwacher Hitze zugedeckt weiterköcheln lassen. ❽ Spaghetti bissfest kochen und beim Abseihen etwas Kochwasser aufheben. ❾ Die Nudeln in die Pfanne zur Curry-Speck-Soße geben. ❿ Bei schwacher Hitze und unter Zugabe von etwas Kochwasser alles gut vermischen und servieren.

TIPP
Wer es milder mag oder kein Curry-Liebhaber ist, kann diesen durch ein Briefchen Safran ersetzen.

Paccheri mit Paprikacreme und Büffelmozzarella

❶ Den Backofen auf die maximale Temperatur vorheizen.
❷ Paprika waschen, trocken tupfen und auf ein mit Backpapier ausgelegtes Blech legen. ❸ Das Blech auf der obersten Schiene in den Ofen schieben und die Paprika ca. 25 Minuten backen, ab und zu wenden. Sobald sich die Paprikahaut aufbläst und schwarze Stellen aufweist, sind sie fertig. ❹ Paprika aus dem Ofen nehmen, in eine Schüssel legen und diese mit einem Teller abdecken, damit der Dampf nicht entweicht. ❺ Zugedeckt ca. 10 Minuten ruhen lassen. Anschließend die Paprika einzeln häuten, dabei die Haut einfach wegziehen und anschließend den Strunk entfernen. ❻ Das Fruchtfleisch in einen hohen Behälter geben und mit dem Stabmixer pürieren. ❼ Die Paprikacreme in eine Pfanne geben. ❽ In der Zwischenzeit ausreichend Wasser in einem großen Topf zum Kochen bringen, salzen und die Paccheri dazugeben.
❾ Die Paprikacreme langsam erwärmen, den Stracchino in Stücke schneiden und dazugeben. ❿ Salzen, mit einem Deckel abdecken und langsam köcheln lassen, bis der Stracchino geschmolzen ist. Ab und zu umrühren. Anschließend die etwas abgetropften Taggiasca-Oliven dazugeben und umrühren. ⓫ Die Paccheri ca. 2 Minuten vor Ende der Kochzeit abseihen, dabei etwas Kochwasser beiseitestellen und die Nudeln zur Paprikacreme geben. ⓬ Alles gut verrühren und unter Zugabe von etwas Kochwasser kurz fertig garen. ⓭ Zum Schluss die Büffelmozzarella mit den Händen zerreißen, zu den Paccheri geben, kurz umrühren und sofort servieren.

TIPP
Anstelle von Stracchino kann man auch Frischkäse, Mascarpone oder Ricotta verwenden.

Für 4 Personen

400 g	Paccheri
2	große rote Paprika
150 g	Stracchino (italienischer Frischkäse)
4 EL	Taggiasca-Oliven (kleine fleischige und aromatische Oliven aus Ligurien)
250 g	Büffelmozzarella
etwas	Salz

---

 20 Minuten
 30 Minuten
 **niedrig**
 vegetarisches Rezept

 AUS MEINEM NOTIZBUCH
Die Paccheri stammen aus Neapel.
Lies weiter auf Seite 253.

Vollkornspaghetti mit Radicchio-Mandel-Pesto

Ein einfaches und schnelles Gericht, das schon so manches Mittag- und Abendessen gerettet hat. Das Pesto wird in wenigen Minuten zubereitet, während die Spaghetti kochen, und es braucht hierfür auch nur wenige Zutaten, die man meist zu Hause hat.

❶ Ausreichend Wasser in einem großen Topf zum Kochen bringen, salzen und die Spaghetti dazugeben. ❷ In der Zwischenzeit den Radicchio waschen, trocken schütteln, grob schneiden und in einen Standmixer geben. ❸ Den Parmesankäse in Stücke schneiden und mit den Mandeln und der Hälfte des Olivenöls hinzufügen. ❹ Den Mixer einschalten und weiteres Olivenöl dazugeben, bis die gewünschte Konsistenz erreicht ist, eventuell nachsalzen. ❺ Die Nudeln bissfest abseihen und etwas Kochwasser beiseitestellen. ❻ Die Spaghetti zurück in den Topf geben und mit einem Teil vom Pesto und etwas Kochwasser vermischen, bis eine cremige Konsistenz erreicht wird, anschließend mit dem übrigen Pesto servieren.

TIPP
Die Mandeln können auch durch Pinienkerne oder Walnüsse ersetzt werden.

Für 4 Personen

400 g	Vollkornspaghetti
320 g	Radicchio Trevigiano (Radicchio aus Treviso)
90 g	Parmesankäse
60 g	Mandeln
250 ml	Olivenöl
etwas	Salz

 10 Minuten
🍳 10 Minuten
🍲 niedrig
Ⓥ vegetarisches Rezept

Reis mit Huhn und Curry

Wozu sind Freunde da? Na klar, um Rezepte auszutauschen, oder nicht?! Für dieses Rezept bedanke ich mich bei meiner Freundin Irene, die wie ich gutes Essen liebt. Ein Gericht, das schnell zubereitet ist und mit seiner Würze punktet. Und dass Curry und Huhn perfekt harmonieren, ist schon lange kein Geheimnis mehr.

Für 4 Personen

1	Lauch
400 g	Hühnerbrust
320 g	Arborio-Reis
20 g	Butter
3 EL	Samenöl
etwas	Salz
etwas	Pfeffer
1 TL	Curry
250 ml	Sahne

 25 Minuten
 20 Minuten
mittel

❶ Ausreichend Wasser in einem großen Topf zum Kochen bringen und salzen. ❷ Lauch waschen und das obere grüne Ende etwas wegschneiden, den Rest in ca. 5 mm dicke Ringe schneiden. ❸ Die Hühnerbrust putzen, Knochen und eventuelle Haut entfernen und in ca. 1,5 × 1,5 cm große Stücke schneiden. ❹ Den Reis im Salzwasser ca. 10 Minuten lang kochen (oder nach Packungsanweisung) und bissfest abseihen. ❺ In einer Bratpfanne Butter und 3 Esslöffel Öl erwärmen, den Lauch und das Huhn dazugeben und von allen Seiten gut anbraten. ❻ Salzen, pfeffern und Curry nach Belieben dazugeben. ❼ Noch eine Minute weiterbraten und die Sahne dazugießen. ❽ Alles gut verrühren und bei schwacher Hitze zugedeckt langsam köcheln lassen. ❾ Den Reis zum Huhn geben. ❿ Alles gut vermischen, falls nötig, noch etwas Sahne dazugeben, weitere 2 Minuten lang kochen lassen und servieren.

TIPP
Wer gerne Champignons mag, schneidet sie in Scheiben und gibt sie von Anfang an mit dem Lauch und dem Huhn in die Pfanne.

Venere-Reis mit Zucchini, Garnelen und Taleggio-Käse

Für 4 Personen

260 g	Venere-Reis (schwarzer Reis)
500 g	Garnelen
300 g	Taleggio-Käse
400 g	Zucchini
1	Knoblauchzehe
4 EL	Samenöl
etwas	Salz

30 Minuten
20 Minuten
niedrig

Venere-Reis ist eine schwarze italienische Reissorte, die nicht nur sehr aromatisch, sondern auch reich an Ballaststoffen ist. Dieser Reis ist vielseitig einsetzbar und schmeckt sowohl warm als auch kalt. Probiert mal, damit euren Lieblingsreissalat zuzubereiten, ihr werdet sehen, er gibt dem Gericht eine noch würzigere Note.

❶ Ausreichend Wasser in einem Topf zum Kochen bringen, salzen und den Reis dazugeben, umrühren und nach Packungsanweisung gar kochen. ❷ Garnelen unter kaltem Wasser abwaschen. ❸ Beine, Schale und Schwanz entfernen, Rücken einschneiden und Darm entfernen. ❹ Nochmals abbrausen und mit Küchenpapier trocken tupfen. ❺ Den Taleggio-Käse in Würfel schneiden. ❻ Zucchini waschen, Enden abschneiden und in ca. 2 mm dicke Scheiben schneiden. ❼ In einer Pfanne 4 Esslöffel Öl mit der geschälten und mit dem Messerrücken leicht zerdrückten Knoblauchzehe erwärmen. ❽ Zucchinischeiben dazugeben, salzen und alles bei starker Hitze ca. 5 Minuten lang anrösten, ab und zu umrühren. ❾ Zucchini aus der Pfanne nehmen, 2 Esslöffel Öl in die Pfanne geben und die Garnelen hineinlegen, auf mittlerer Hitze ca. 2 Minuten anbraten, nach einer Minute wenden und salzen. ❿ Die Pfanne vom Herd nehmen und die Zucchinischeiben dazugeben. ⓫ Den Reis abseihen und untermischen. ⓬ Zum Schluss noch die Taleggio-Würfel dazugeben, kurz umrühren und servieren.

TIPP
Zur Abwechslung kann man anstatt der Garnelen auch in Würfel geschnittenes Lachsfilet verwenden.

Mascarpone-Risotto mit knusprigem Rohschinken

Für 4 Personen

5 EL	Samenöl
1	Schalotte
320 g	Vollkornreis
220 g	Erbsen (tiefgekühlt)
800 ml	warme Brühe (auch Würfelbrühe)
130 g	Rohschinken (in etwas dickere Scheiben geschnitten)
200 g	Mascarpone (Mila)
etwas	Salz
etwas	Schnittlauch zum Dekorieren

15 Minuten

40 Minuten

niedrig

 **AUS MEINEM NOTIZBUCH**
Es gibt Tage, an denen ich nicht weiß, was ich kochen soll.
Lies weiter auf Seite 253.

❶ 3 Esslöffel Öl in einem Topf erhitzen, Schalotte schälen, fein hacken und darin 2 Minuten unter Rühren langsam anbraten. Den Reis dazugeben und weitere 2 Minuten mitrösten. ❷ Die Erbsen und die Hälfte der Brühe dazugeben, etwas salzen und zum Kochen bringen. ❸ Anschließend bei schwacher Hitze 30 Minuten weiterköcheln lassen, ab und zu umrühren und noch Brühe dazugießen, bis der Reis gar ist. ❹ In der Zwischenzeit die Rohschinkenscheiben in kleine Stücke schneiden. ❺ In einer Pfanne 2 Esslöffel Öl erwärmen, den Rohschinken darin bei starker Hitze knusprig braten, ab und zu umrühren und vom Herd nehmen. ❻ Sobald der Reis gar ist, den Mascarpone dazugeben und alles gut verrühren. ❼ Etwas Rohschinken beiseitelegen und den Rest unterheben. ❽ Den Risotto mit dem übrigen knusprigen Rohschinken und etwas gehacktem Schnittlauch garnieren und servieren.

TIPPS
● Man kann den Rohschinken auch durch Speck ersetzen.
● Die Kochzeit kann von Reis zu Reis variieren, einfach die Packungsanweisung beachten.

Vegetarisches Couscous mit Orangen und Pignoli

Couscous besteht aus winzigen Hartweizenkügelchen und ist ebenso vielseitig verwendbar wie schnell zuzubereiten. Ob gut gewürzt oder einfach naturbelassen, als Beilage zu Fleisch oder Fisch, es ist immer beliebt. Dies ist ein vegetarisches Couscous mit viel frischem und getrocknetem Obst. Das Gericht ist nicht nur vitaminreich, sondern mit seinen ansprechenden Farben auch eine Augenweide.

Für 4 Personen

130 g	Couscous
2 EL	Olivenöl
230 ml	Wasser
3	Orangen
1 TL	Curry
1	Granatapfel
2 EL	Pignoli
4 EL	Rosinen
etwas	Salz

- 20 Minuten
- 5 Minuten
- 30 Minuten
- niedrig
- vegetarisches Rezept

❶ Couscous mit 2 Esslöffeln Olivenöl in eine Schüssel geben und mit einer Gabel umrühren, mit 230 ml kochendem Wasser verrühren und zugedeckt 10 Minuten lang stehen lassen. ❷ In der Zwischenzeit die Orangen filetieren, d. h. die Schale mit einem scharfen Messer so herunterschneiden, dass dabei die weiße Haut auch vollständig entfernt wird. ❸ Anschließend die Orangenfilets zwischen den Trennhäuten mit einem scharfen Messer herausschneiden. ❹ Filets halbieren und beiseitestellen. ❺ Den Saft des verbliebenen Orangenstücks in eine kleine Schüssel pressen und 1 Teelöffel Curry dazugeben. ❻ Die Kerne aus dem Granatapfel lösen. ❼ Die Pignoli ohne Zugabe von Fett in einer Pfanne kurz rösten. ❽ Nach der Ruhezeit das Couscous mit einer Gabel auflockern und Orangenfilets, Granatapfelkörner, geröstete Pignoli sowie Rosinen dazugeben. ❾ Mit dem Curry-Orangensaft, Salz und etwas Olivenöl abschmecken. ❿ Umrühren und vor dem Servieren zugedeckt 30 Minuten ziehen lassen.

TIPP

Dieses Couscous kann man problemlos auch am Vorabend zubereiten. Ideal auch als Mittagessen fürs Büro.

Mediterraner Quinoa-Salat

Ach, der Sommer – meine Lieblingsjahreszeit –, obwohl ich sagen muss, dass ihm in letzter Zeit der charmante Frühling eine starke Konkurrenz macht. Die Natur mit ihren tausend Farben, das Vogelgezwitscher und vor allem die langen und heißen Tage, an denen wir am liebsten kalte Gerichte wie diesen reichhaltigen und nahrhaften Quinoa-Salat essen, sind schon wundervoll.

❶ Die Quinoa in ein Sieb gießen und mit reichlich kaltem Wasser durchspülen. ❷ In einem Topf mit dem Wasser und einer Prise Salz aufkochen, vom Herd ziehen und ca. 12 Minuten zugedeckt quellen lassen, bis die Quinoa durchsichtig ist. ❸ Anschließend in eine Schüssel geben, mit einer Gabel auflockern und abkühlen lassen. ❹ In der Zwischenzeit Zucchini waschen und in dünne Scheiben schneiden. ❺ In einer Pfanne Olivenöl erhitzen und die Zucchini bei starker Hitze unter gelegentlichem Rühren anbräunen lassen. Sobald sie gut angeröstet sind, vom Herd nehmen. ❻ Rucola waschen, trocken schütteln und zusammen mit den abgetropften Tomatenfilets grob schneiden. ❼ Eine Pfanne erhitzen und die Pistazien darin einige Minuten unter häufigem Umrühren rösten. ❽ Zucchinischeiben, abgetropfte Kichererbsen, Rucola, getrocknete Tomaten, Pistazien und zerbröckelten Feta zur Quinoa geben. ❾ Zitronensaft und etwas Olivenöl hinzufügen, salzen, pfeffern und alles gut verrühren. ❿ Vor dem Servieren 30 Minuten ziehen lassen.

TIPPS

● Anstatt Quinoa kann man auch Couscous oder Hirse verwenden.

● Nicht vergessen, die Quinoa mit Wasser zu waschen, auch wenn ihr es noch so eilig habt, sonst schmeckt sie bitter.

Für 4 Personen

150 g	Quinoa
280 ml	Wasser
2	Zucchini
5 EL	Olivenöl
40 g	Rucola
8	getrocknete Tomaten, in Öl
2 EL	Pistazien
180 g	gekochte, abgetropfte Kichererbsen
100 g	Feta
1	Zitrone (Saft)
etwas	Salz
etwas	Pfeffer

- 25 Minuten
- 30 Minuten
- 15 Minuten
- niedrig
- vegetarisches Rezept

Orangen-Fenchel-Cremesuppe

Frisch und aromatisch, so schmeckt diese Orangen-Fenchel-Suppe. Ein wirklich überraschendes Geschmackserlebnis, eine unkonventionelle Kombination, die durch die Zugabe von Joghurt noch spezieller wird.

❶ Fenchel und Lauch waschen, das obere grüne Ende wegschneiden und den Rest fein aufschneiden. Karotten waschen und in Scheiben schneiden. ❷ In einem Topf Öl und Butter erhitzen und den Lauch unter gelegentlichem Rühren einige Minuten glasig dünsten. ❸ Karotten und Fenchel dazugeben. Alles unter gelegentlichem Rühren ca. 3 Minuten weiterdünsten. ❹ Mit Brühe aufgießen, salzen und zugedeckt bei schwacher Hitze 20 Minuten weiterkochen, bis das Gemüse gar ist. ❺ Saft der Orangen auspressen. ❻ Alles mit dem Stabmixer pürieren, den Orangensaft dazugießen und nochmals pürieren, bis eine glatte und homogene Cremesuppe entsteht. Eventuell mit Salz und Pfeffer nachwürzen. ❼ Die Cremesuppe mit einem Teelöffel Joghurt und frisch gemahlenem Pfeffer servieren.
❽ Eventuell zusätzlich Joghurt auf den Tisch stellen.

Für 4 Personen

1	Fenchel
1	Lauch
4	Karotten
2	Orangen
1 l	Gemüsebrühe
4 EL	Olivenöl
30 g	Butter
etwas	Salz
etwas	Pfeffer
etwas	Magerjoghurt zum Servieren

25 Minuten

25 Minuten

niedrig

vegetarisches Rezept

Blumenkohl-Curry-Cremesuppe

Ach, wie motivierend es doch ist, wenn der Ehemann abends nach Hause kommt und fragt, was es zum Abendessen gibt, in den Topf schaut und sagt: „Hmm, vielleicht esse ich besser was anderes!" Natürlich habe ich ihm zuerst einen vernichtenden Blick zugeworfen und ihm dann ganz gelassen den Teller vorgesetzt. Wie es dann weitergegangen ist … na ja, er hat die Cremesuppe probiert, erstaunt festgestellt, „Ach, die ist ja wirklich lecker!", und dann gleich zwei Teller davon gegessen. Wie auch immer, besser so, sonst hätte ich ihn für eine Woche zum Zwangsfasten verdonnert.

❶ Die Blumenkohl-Röschen abnehmen und waschen. ❷ Den Lauch waschen, das obere Ende abschneiden und den Rest in Ringe schneiden. Kartoffel schälen und in Würfel schneiden. ❸ Öl und Butter in einem Topf erhitzen und Lauch, Kartoffeln und Blumenkohl dazugeben. ❹ Einige Minuten anrösten, dabei häufig umrühren. ❺ Mit Curry würzen, kurz weiterrösten, salzen und mit Gemüsebrühe aufgießen. ❻ Zugedeckt 15–20 Minuten kochen lassen, bis der Blumenkohl und die Kartoffeln gar sind. ❼ Kurkuma und Ingwer dazugeben und alles mit dem Stabmixer pürieren, bis eine glatte und homogene Creme entsteht. ❽ Eventuell vor dem Pürieren einige Blumenkohlröschen zum Garnieren beiseitelegen. ❾ Gegebenenfalls mit Salz und Curry nachwürzen und mit etwas fein geschnittenem Schnittlauch und den Blumenkohlröschen servieren.

TIPP
Für mehr Frische und weniger Schärfe kann man den Ingwer auch durch etwas abgeriebene Zitronenschale ersetzen.

Für 4 Personen

400 g	Blumenkohl
1	mittelgroßer Lauch
1	mittelgroße Kartoffel
3 EL	Samenöl
20 g	Butter
750 ml	Gemüsebrühe (auch Würfelbrühe)
2 TL	Curry
½ TL	Kurkumapulver
2 Prisen	Ingwerpulver
etwas	Salz
etwas	Schnittlauch

- 15 Minuten
- 20 Minuten
- niedrig
- vegetarisches Rezept

Süßkartoffel-Cremesuppe mit frittierten Zwiebeln und Pekannüssen

Für 4 Personen

FÜR DIE CREMESUPPE

750 g	Süßkartoffeln
200 g	Frühlingszwiebeln
50 ml	Samenöl
3	Zweige Thymian
800 ml	Gemüsebrühe (auch Würfelbrühe)
etwas	Salz
etwas	Pfeffer
1	Knoblauchzehe
100 g	Naturjoghurt

ZUM SERVIEREN

2	Zwiebeln
etwas	Frittieröl
3 EL	Pekannüsse

 25 Minuten
25 Minuten
mittel
vegetarisches Rezept

Ob zum Aufwärmen oder als leichte Kost, Gemüsecremesuppen sind immer eine gute Lösung. Okay, dazu habe ich frittierte Zwiebelringe und geröstete Pekannüsse serviert, also ist sie nicht wirklich leicht, aber die Kombination ist einfach fantastisch.

FÜR DIE CREMESUPPE

❶ Die Zwiebeln schälen, fein schneiden und 30 Minuten in kaltes Wasser legen. ❷ Die Süßkartoffeln waschen und schälen, in ca. 3 cm große Würfel schneiden und beiseitestellen. ❸ Frühlingszwiebeln waschen, putzen und fein schneiden. ❹ Öl in einem Topf erhitzen und die Frühlingszwiebeln darin eine Minute anrösten. ❺ Kartoffeln hinzufügen und unter häufigem Rühren 4–5 Minuten anbraten. ❻ Thymian waschen, Blätter abzupfen und zu den Kartoffeln geben. ❼ Mit Brühe aufgießen, salzen und pfeffern, aufkochen und dann zugedeckt bei schwacher Hitze ca. 15 Minuten kochen, bis die Kartoffeln gar sind. ❽ Knoblauch und Joghurt hinzufügen und alles mit dem Stabmixer pürieren, bis eine glatte Creme entsteht. ❾ Wer die Suppe gern flüssiger mag, streckt sie einfach mit etwas Brühe.

ZUM SERVIEREN

❶ Die eingeweichten Zwiebeln abtropfen lassen und mit einem Tuch gut trocken tupfen. ❷ Ausreichend Öl in einer Pfanne auf 175 °C erhitzen. ❸ Dann die Hälfte der Zwiebeln hineingeben und goldbraun frittieren. ❹ Mit einer Schaumkelle aus dem Öl nehmen und auf Küchenpapier abtropfen lassen. ❺ Nun die andere Hälfte der Zwiebeln frittieren.

→

❻ Eine Pfanne erhitzen und die Pekannüsse darin unter häufigem Rühren einige Minuten rösten. **❼** Die heiße Süßkartoffel-Creme mit den frittierten Zwiebeln und den gerösteten Pekannüssen servieren.

TIPPS

● Wer kein Thermometer hat, um die Öl-Temperatur zu messen, taucht den Griff eines Holzlöffels ins Öl.
Wenn kleine Blasen am Stiel hochsteigen, hat das Öl die richtige Temperatur erreicht.
● Diese Cremesuppe kann auch mit Kürbis anstatt mit Süßkartoffeln zubereitet werden.

Hühnerbrust mit Paprika

Für 4 Personen

600 g	Hühnerbrust
etwas	Salz
etwas	Pfeffer
etwas	Paprikapulver
etwas	Samenöl
30 g	Butter
3	Knoblauchzehen
100 ml	Weißwein
200 ml	Sahne
½	roter Paprika
etwas	gehackte Petersilie

15 Minuten

20 Minuten

mittel

Ein einfaches und leckeres Gericht, das mit seiner würzigen Soße besticht. Und damit ja kein Tropfen der Soße verschwendet wird, unbedingt auch etwas Brot dazu servieren, mit dem man ja zum Schluss so gut den Teller ausputzen.

❶ Hühnerbrust von den Knochen befreien und in ca. 8 mm dicke Schnitzel schneiden. ❷ Mit Salz, Pfeffer und Paprikapulver auf beiden Seiten würzen. ❸ In einer Pfanne 3 Esslöffel Öl und Butter erhitzen und die Hühnerschnitzel darin bei starker Hitze 3–4 Minuten pro Seite anbraten, bis sie eine schöne Farbe haben. ❹ Aus der Pfanne nehmen und beiseitestellen. ❺ Hitze ganz zurückdrehen, 1 Esslöffel Öl und die geschälten und mit dem Messerrücken leicht zerdrückten Knoblauchzehen dazugeben. ❻ Kurz anbraten, mit Weißwein ablöschen und die flüssige Sahne hinzufügen. ❼ Mit Salz, Pfeffer und Paprikapulver würzen und zum Kochen bringen. ❽ Die Hähnchenscheiben in die Soße legen, etwas Wasser hinzufügen und Hitze reduzieren. ❾ Bei geschlossenem Deckel 8–10 Minuten weiterkochen, dabei die Schnitzel gelegentlich wenden und eventuell Wasser hinzufügen, wenn die Soße zu stark eindickt. ❿ In der Zwischenzeit den Paprika waschen und in Würfel schneiden. ⓫ Einige Minuten vor Ender der Garzeit die Paprikawürfel zum Hähnchen geben. Wer die Paprikawürfel lieber ganz gar hat, fügt sie bereits vorher hinzu, sobald die Schnitzel wieder in die Soße gelegt werden. ⓬ Nach Belieben mit gehackter Petersilie garnieren und servieren.

TIPP
Wer es gern würzig und scharf mag, gibt auch etwas Chili dazu.

Hirschschnitzel mit Paprika

Ich überlasse meine Küche kaum jemandem, ich bin ziemlich besitzergreifend, aber wenn es um die Zubereitung von Wild geht, na ja, da ist mein Mann der Hauptakteur und ich übernehme die Rolle der Kochassistentin oder vielleicht nicht einmal das. Fast so ein bisschen wie bei Spiegeleiern, ja, ich weiß, sollte ein einfaches Gericht sein, zumindest scheint es so. Aber mir gelingen sie nie wirklich, auf jeden Fall nie so lecker, wie sie mein Vater kocht. Aber manchmal darf man auch einfach nur zuschauen und dann genießen.

Für 4 Personen

600 g	Hirschfleisch (Schenkel)
2	Zweige Rosmarin
2 TL	Paprikapulver
etwas	Salz
50 ml	Samenöl

20 Minuten

5 Minuten

niedrig

❶ Das Hirschfleisch von den Häuten und Fasern befreien, in ca. 8 mm dicke Scheiben schneiden und diese nebeneinander auf einen Teller legen. ❷ Rosmarin waschen, trocken schütteln, Nadeln abzupfen, fein hacken und in eine kleine Schüssel geben. ❸ Paprikapulver, Salz und Samenöl dazugeben und gut umrühren. ❹ Die Schnitzel auf der Oberseite mit Paprika-Rosmarin-Öl bestreichen. ❺ Eine Pfanne auf dem Herd sehr heiß werden lassen, dann etwas Öl hineingeben und die Hirschschnitzel hineinlegen, dabei die mit Öl bestrichene Seite nach oben richten. ❻ Bei starker Hitze ca. 1 Minute braten, dann die Schnitzel wenden und auf der anderen Seite ca. 1 Minute weiterbraten, dabei noch mit etwas Paprika-Rosmarin-Öl bestreichen und salzen. ❼ Aus der Pfanne nehmen und sofort servieren. ❽ Das übrige Rosmarin-Öl dazu reichen.

TIPP
Wenn das Fleisch streng nach Wild riecht, kann man es für ein paar Stunden oder eventuell auch die ganze Nacht in etwas Rotwein mit 1–2 Esslöffeln Essig marinieren.

Mit Honig glasierter Lachs in der Folie

Ein saftiges und raffiniertes Hauptgericht, das in der Zubereitung sehr einfach ist und auch an besonderen Tagen und Festtagen immer gut ankommt.

❶ Lachsfilet von eventuellen Gräten befreien, kurz mit kaltem Wasser abbrausen und mit Küchenpapier trocken tupfen. ❷ Knoblauchzehen schälen und fein hacken. ❸ Butter in einer kleinen Pfanne zerlassen und Honig, gehackten Knoblauch, Saft der Orange, Ingwer und Salz dazugeben. Alles gut umrühren. ❹ Lachsfilet auf ein großes Blatt Backpapier legen und mit diesem in eine Auflaufform geben. ❺ Mit der Butter-Honig-Marinade bestreichen, gut mit dem Backpapier einwickeln und die Enden mit einem Küchengarn fest zubinden. ❻ 30 Minuten bei Raumtemperatur marinieren. ❼ In der Zwischenzeit den Backofen auf 190 °C (Ober-/Unterhitze) vorheizen. ❽ Den Lachs im vorgeheizten Ofen ca. 16 Minuten backen, herausnehmen und den Ofen auf Grillmodus einstellen, Temperatur auf 250 °C erhöhen. ❾ In der Zwischenzeit das Backpapier öffnen, die Marinade im Backpapier mit einem Löffel auffangen und wieder auf dem Lachs verteilen. ❿ Mit offenem Papier nochmals in den Ofen schieben und ca. 3 Minuten bei maximaler Temperatur grillen, darauf achten, dass das Backpapier nicht die Oberseite des Ofens berührt. ⓫ Aus dem Ofen nehmen und mit gehackter Petersilie und Orangenscheiben servieren.

TIPP

Zur Abwechslung kann man anstatt Orangen auch Zitronen verwenden.

Für 4 Personen

600 g	Lachsfilet
3	Knoblauchzehen
50 g	Butter
3 TL	Honig
1	Bio-Orange
1 TL	geriebener Ingwer
etwas	Salz
etwas	gehackte Petersilie

- 🔪 10 Minuten
- 🥣 30 Minuten
- ⏲ 20 Minuten
- 🍲 niedrig

Zitronen-Lachs-Spießchen

Bunte und saftige Spießchen, die nach dem Marinieren ganz kurz in der Pfanne gebraten werden und schon auf dem Teller landen. Man kann sie auch gut vorbereiten, indem man sie einfach am Vortag in die Marinade legt und dann über Nacht im Kühlschrank ziehen lässt. Am nächsten Tag dann einfach für knappe 10 Minuten ab in die Pfanne und fertig.

FÜR DIE SPIESSCHEN
❶ Lachsfilet häuten und in ca. 3 cm große Würfel schneiden. ❷ Gemüse waschen und die Friggitelli (oder den Paprika) halbieren. ❸ Zitrone waschen, trocken tupfen und in dünne Scheiben schneiden.

FÜR DIE MARINADE
❶ Petersilie waschen, trocken schütteln und fein hacken. ❷ Mit Olivenöl, Zitronensaft, Salz, Pfeffer und gehacktem Knoblauch in eine kleine Schüssel geben und alles verrühren. ❸ Abwechselnd Lachswürfel, Friggitelli, Zitronenscheiben und Cocktailtomaten auf die Spieße stecken. ❹ In einen luftdichten Behälter legen, Marinade darübergießen und die Spieße darin drehen, damit die Marinade auf allen Seiten haften bleibt. ❺ Behälter schließen und für ca. 1 Stunde im Kühlschrank ziehen lassen (gerne auch über Nacht). ❻ Eine Pfanne erhitzen und die Spieße darin bei mittlerer Hitze 10–12 Minuten lang auf allen Seiten braten, dabei mit etwas Marinade beträufeln. ❼ Aus der Pfanne nehmen und mit der restlichen Marinade servieren.

TIPP
Wenn man Holzspieße verwendet, sollten diese vorher 30 Minuten in kaltem Wasser eingeweicht werden, damit sie in der Pfanne nicht anbrennen.

Für 4 Personen

FÜR DIE SPIESSCHEN

500 g	Lachsfilet
8	Friggitelli (kleine italienische Schmorpaprika), alternativ 1 Paprika
16	Cocktailtomaten
1	Bio-Zitrone

FÜR DIE MARINADE

1 Bund	Petersilie
4 EL	Olivenöl
4 EL	Zitronensaft
etwas	Salz
etwas	Pfeffer
2	Knoblauchzehen

25 Minuten

1 Stunde

10 Minuten

niedrig

Karotten-Fisch-Laibchen aus dem Backofen

Für ca. 12 Laibchen

350 g	Kabeljaufilet
1	kleine Karotte
50 g	Toastbrot
1	Ei
10	grüne Oliven
1 TL	gehackte Petersilie
1	Knoblauchzehe
1 TL	edelsüßes Paprikapulver
etwas	Salz
etwas	Pfeffer
etwas	Semmelbrösel
etwas	Olivenöl

ZUM SERVIEREN

etwas	Zitrone

25 Minuten
20 Minuten
niedrig

Ob mit Fleisch oder Fisch, diese Laibchen sind immer ein guter Trick, Kindern (und sogar einigen Erwachsenen) eine Zutat schmackhaft zu machen, die sie sonst verweigern würden. Das Gericht eignet sich perfekt, um Gemüse zu verstecken, ist sehr einfach in der Zubereitung und eine ausgezeichnete, leichtere Alternative zu den klassischen Fischstäbchen.

❶ Ofen auf 190 °C (Umluft) vorheizen. ❷ Kabeljaufilet unter fließendem Wasser kurz abspülen und mit Küchenpapier trocken tupfen. ❸ Eventuelle Gräten entfernen und Filet in kleine Würfel schneiden. ❹ Karotte waschen, putzen und in kleine Stücke schneiden. ❺ Toastbrot in Stücke reißen, Kabeljau, Karotte, Brot, Ei, Oliven, Petersilie, Knoblauch, Paprikapulver, Salz und Pfeffer in den Mixer geben.
❻ Alles gut mixen, bis die Mischung fast cremig ist.
❼ Mit nassen Händen 10–12 Laibchen formen, in den Semmelbröseln wenden und auf ein mit Backpapier ausgelegtes Backblech legen. ❽ Mit etwas Öl beträufeln und bei 190 °C ca. 20 Minuten backen. ❾ Nach 5 Minuten wenden und nochmals mit etwas Öl beträufeln. ❿ Vor Ende der Garzeit noch einmal wenden. ⓫ Aus dem Ofen nehmen und heiß oder warm mit etwas Zitrone servieren.

TIPPS
● Als Hauptspeise mit Kartoffelpüree oder Salat servieren oder auch als Häppchen zum Aperitif.
● Anstatt des Kabeljaufilets kann man jeglichen Fisch mit weißem Fleisch verwenden.

Gefüllte und gratinierte Zucchiniblüten

Für 6 Personen

FÜR DIE ZUCCHINIBLÜTEN

12	Zucchiniblüten (mit Zucchini)
50 g	scharfe (oder milde) Salami
4 EL	Taggiasca-Oliven (kleine fleischige und aromatische Oliven aus Ligurien)
220 g	Ricotta
200 g	Sauerrahm
etwas	Salz
etwas	Pfeffer

ZUM GRATINIEREN

1–2	Scheiben Toastbrot
2 EL	Olivenöl

25 Minuten

20 Minuten

mittel

Man munkelt, dass Zucchiniblüten die Lieblingsblumen von Foodbloggern sind … da ist wohl was Wahres dran, oder habt ihr vielleicht schon mal eine gebackene Geranie gesehen? Oder vielleicht eine gratinierte Petunie? Nein. Also, ich sage, besser Zucchiniblüten im Backofen als einen Strauß Rosen auf dem Tisch.

FÜR DIE ZUCCHINIBLÜTEN

❶ Backofen auf 190 °C (Umluft) vorheizen. ❷ Zucchiniblüten vorsichtig mit einem feuchten Tuch oder Küchenpapier reinigen, aber den Zucchino befestigt lassen und den Stempel entfernen. ❸ Salami in kleine Würfel schneiden und in eine Schüssel geben. ❹ Taggiasca-Oliven abtropfen lassen, hacken und in die Schüssel geben, Ricotta und Sauerrahm hinzufügen, salzen, pfeffern und alles gut mit einem Löffel verrühren. ❺ Zucchiniblüten behutsam leicht öffnen und mit der Ricottacreme füllen, dies kann man mit einem Spritzbeutel oder einfach mithilfe eines Teelöffels machen. ❻ Blüte ungefähr zu drei Viertel vollmachen, die Blütenspitze leicht drehen, um sie zu verschließen, und zusammen mit dem daran haftenden Zucchino in eine mit Backpapier ausgelegte Auflaufform legen.

ZUM GRATINIEREN

❶ Toastbrot mit den Händen in kleine Stücke reißen, mit 1–2 Esslöffeln Olivenöl vermischen und auf den Zucchiniblüten verteilen. ❷ Bei 190 °C ca. 20 Minuten lang backen. ❸ Aus dem Ofen nehmen und sofort oder lauwarm servieren.

TIPP
Zur Abwechslung kann man die Fülle mit Sardellenfilets anstatt Salami zubereiten.

Tomateneier mit Bohnen

Für 2–4 Personen

1	Knoblauchzehe
½	Zwiebel
5 EL	Samenöl
250 g	braune Bohnen, gekocht, abgetropft
400 g	Tomaten, geschält oder passierte Tomaten
4	Eier
etwas	Salz
etwas	Pfeffer
etwas	Chilipulver
etwas	Petersilie
einige	Brotscheiben

- 10 Minuten
- 15 Minuten
- niedrig
- vegetarisches Rezept

Ein Gericht, das meist als „Arme-Leute-Essen" beschrieben wird, dabei ist es so würzig und nahrhaft, dass es auch als Hauptgericht serviert werden kann. Wenn man zwei Eier pro Kopf rechnet, wird jeder satt. Falls es vorher eine Vorspeise gibt, reicht auch ein Ei für jeden.

❶ Knoblauch und Zwiebel schälen und fein hacken. ❷ Öl in einer Pfanne erhitzen, Knoblauch und Zwiebel darin einige Minuten glasig dünsten. ❸ Bohnen dazugeben und einige Minuten mitbraten. ❹ Zerkleinerte Tomaten oder passierte Tomaten hinzufügen. ❺ Salzen, pfeffern und zugedeckt ca. 10 Minuten lang kochen. ❻ Mithilfe eines Löffels vier Mulden in den Bohnen-Tomaten-Eintopf drücken und in jede Mulde ein aufgeschlagenes Ei gleiten lassen. Zugedeckt weitere 6–7 Minuten kochen, bis das Eiweiß gestockt, das Eigelb aber noch flüssig ist. ❼ In der Zwischenzeit die Brotscheiben mit Öl beträufeln und in einer Pfanne auf beiden Seiten knusprig braten. ❽ Die Tomateneier mit Brotscheiben, Chilipulver und frischer Petersilie servieren.

TIPP

Diese Eier sind auch ohne Bohnen sehr lecker, also nur als Tomateneier.

Flammkuchen mit Pfifferlingen und Graukäse

Auf den ersten Blick könnte man meinen, das ist eine Pizza. Aber es ist ein Flammkuchen, eine französische und deutsche Spezialität, die sich vor allem durch den Belag unterscheidet, dieser variiert von Region zu Region. Flammkuchen wird mit einem Teig ohne Hefe zubereitet, folglich benötigt der Teig keine Ruhezeit und kann gleich weiterverarbeitet werden. Deshalb ist dieses Gericht auch schnell auf dem Tisch. Ich habe ihn ganz „südtirolerisch" zubereitet, mit Pfifferlingen und Graukäse, einem würzigen Käse aus Südtirol, der unter anderem auch der fettärmste Käse der Welt ist.

FÜR DEN TEIG

❶ Mehl auf die Teigplatte geben und eine Mulde in die Mitte drücken. ❷ Öl und Salz hineingeben und beginnen zu kneten, dabei Wasser dazugeben, bis ein glatter und homogener Teig entsteht. In Folie einwickeln und beiseitestellen. ❸ Backofen auf 230 °C (Ober-/Unterhitze) vorheizen. ❹ Wer mehrere Bleche gleichzeitig backen möchte, heizt den Ofen auf 210 °C (Umluft) auf.

FÜR DEN BELAG

❶ Pfifferlinge sorgfältig reinigen, in ein Sieb geben und kurz mit Wasser durchspülen. ❷ Zum Abtropfen auf ein Küchenpapier legen. ❸ Eine Frühlingszwiebel und den Knoblauch putzen und fein hacken. ❹ 3 Esslöffel Samenöl in einer Pfanne erhitzen, Zwiebel, Knoblauch und Salbeiblätter dazugeben und einige Minuten anbraten, Pfifferlinge dazugeben und bei starker Hitze ca. 5 Minuten weiterbraten, salzen und vom Herd ziehen. ❺ Den Graukäse in Scheiben schneiden. ❻ Die Cocktailtomaten waschen und halbieren. ❼ Die restlichen 3 Frühlingszwiebeln waschen und in Ringe schneiden. →

Für 4 Personen

FÜR DEN TEIG

250 g	Mehl 00
150 ml	lauwarmes Wasser
50 ml	Olivenöl
½ TL	Salz

FÜR DEN BELAG

250 g	frische Pfifferlinge
4	Frühlingszwiebeln
1	Knoblauchzehe
3 EL	Samenöl
8	Blätter Salbei
150 g	Graukäse (oder Gorgonzolakäse)
15	Cocktailtomaten
200 g	Sauerrahm
175 g	Frischkäse
etwas	Salz
etwas	Pfeffer

 25 Minuten
 12–15 Minuten
 niedrig
 vegetarisches Rezept

FÜR DIE FLAMMKUCHEN

❶ Den Teig in 2 größere oder 4 kleinere Teile teilen.
❷ Alle Teigstücke mit einem Nudelholz sehr dünn ausrollen und auf die mit Backpapier ausgelegte Backbleche legen.
❸ Die gesamte Oberfläche mit einer Gabel einstechen und 4 Minuten vorbacken. ❹ In der Zwischenzeit den Sauerrahm mit Frischkäse, Salz und Pfeffer verrühren. ❺ Nach 4 Minuten die Teigböden aus dem Ofen nehmen, mit der Sauerrahm-Mischung bestreichen und mit Pfifferlingen, Graukäse, Frühlingszwiebeln und Cocktailtomaten belegen. ❻ Weitere 8–10 Minuten backen, bis der Käse geschmolzen ist und der Teigrand goldgelb und knusprig ist.

TIPP

Der Teig wird vorgebacken, damit er schön knusprig wird. Der Flammkuchen kann je nach Lust und Laune belegt werden, z. B. auch mit Gemüse oder Wurstwaren.

Mini-Quiches mit Brokkoli und Blumenkohl

Für 6 Mini-Quiches

½	Blumenkohl
½	Brokkoli
1 Rolle	Blätterteig (rechteckig)
1	Ei
80 ml	Sahne
½ TL	Kurkuma
etwas	Salz
etwas	Pfeffer

30 Minuten

20 Minuten

niedrig

Brokkoli und Blumenkohl sind bei Kindern meist nicht sehr beliebt. Erstere vor allem wegen ihrer Farbe und Zweiterer einfach nur wegen seines Geruchs. Aber wenn sie gekonnt zubereitet werden, können beide sehr lecker sein. Diese Mini-Quiches veredeln sie perfekt und können sowohl warm als auch kalt gegessen werden.

❶ Reichlich Wasser in einem großen Topf zum Kochen bringen und salzen. ❷ Brokkoli und Blumenkohl waschen und in Röschen teilen, Strunk in kleine Stücke schneiden. ❸ 2 Minuten im kochenden Wasser blanchieren, herausnehmen, abtropfen lassen und beiseitestellen. ❹ Backofen auf 190 °C (Umluft) vorheizen. ❺ Blätterteig ausrollen, eine kleine Tarteform mit der Öffnung nach unten auf den Teig legen und mit einem scharfen Messer 6 Kreise ausschneiden, indem man ca. 1,5 cm Rand lässt, die Formen mit den Teigkreisen auslegen. ❻ Ei, Sahne, Kurkuma, Salz und Pfeffer in einen hohen Behälter geben und mit dem Stabmixer pürieren. ❼ Blätterteig-Tarte-Formen mit Brokkoli und Blumenkohl füllen und mit der Ei-Sahne-Mischung randvoll aufgießen. ❽ Bei 190 °C 12–15 Minuten backen. ❾ Aus dem Ofen nehmen und heiß oder kalt servieren.

TIPPS

● Statt 6 Mini-Quiches kann man auch eine große Quiche backen (Durchmesser ca. 27 cm).
● Für mehr Würze einfach 1–2 Esslöffel geriebenen Käse in die Ei-Sahne-Mischung rühren.

Saftige Piadine

Kauft ihr Piadine noch? Seit ich sie das erste Mal selbst zubereitet habe, kaufe ich keine mehr. Um die industriell hergestellten Piadine länger haltbar zu machen, werden die Tüten mit Alkohol ausgespritzt und dessen Geruch und Geschmack überträgt sich auch auf die Teigfladen. Hausgemachte haben da einen ganz anderen und natürlichen Geschmack. Und sie sind sehr einfach zuzubereiten. Ich liebe es auch, verschiedene Füllungen auszuprobieren. Wenn ich wenig Zeit habe, ist meist die klassische Variante mit Rohschinken und Mozzarella dran, aber lieber bin ich kreativ, wie bei diesen Piadine.

FÜR DIE FÜLLUNG

❶ Paprika, Salat, Karotten, Frühlingszwiebeln und Sellerie waschen. ❷ Paprika und Salat in Streifen schneiden, Karotten raspeln, Frühlingszwiebeln und Sellerie in dünne Scheiben schneiden. ❸ Den Sellerie in eine Schüssel geben, Kapern hacken und zum Sellerie geben, Thunfisch und Mayonnaise dazugeben und gut verrühren.

FÜR DIE PIADINE

❶ Mehl, Salz und Natron in einer Schüssel vermischen. ❷ Schweinefett in kleine Stücke schneiden und mit der Hälfte des Wassers dazugeben. ❸ Die Zutaten unter Zugabe von weiterem Wasser verkneten. ❹ Sobald der Teig Form annimmt, auf die Arbeitsplatte stürzen und in ca. 10 Minuten zu einem glatten Teig verkneten. ❺ Bei Bedarf noch etwas lauwarmes Wasser hinzufügen, der Teig sollte weich, aber nicht klebrig sein. ❻ Mit einer Schüssel abdecken und 30 Minuten bei Raumtemperatur ruhen lassen.

→

Für 6 Piadine

FÜR DIE FÜLLUNG

1	roter Paprika
6	Salatblätter
3	Karotten
4	Frühlingszwiebeln
5	Stangensellerie
3 TL	Kapern
360 g	Thunfisch in Öl
150 g	Mayonnaise (Rezept auf Seite 116)

FÜR DIE PIADINE

500 g	Mehl 0
½ TL	Salz
1 Prise	Natron
90 g	Schweinefett
210 ml	lauwarmes Wasser

🚫 25 Minuten
⏳ 30 Minuten
🍳 5 Minuten
🍲 mittel

❼ Nach der Ruhezeit den Teig in 6 Teile schneiden und jedes Teil auf einer leicht bemehlten Oberfläche rund ausrollen (ca. 24 cm Durchmesser), mit einer Gabel mehrmals einstechen. ❽ Eine Pfanne sehr heiß werden lassen und jeweils eine Piadina einlegen. ❾ Die Piadine einzeln bei mittlerer Hitze ca. 2 Minuten backen, bis sich auf der Unterseite braune Flecken bilden, dann wenden und auf der anderen Seite noch eine Minute lang fertig backen. ❿ Aus der Pfanne nehmen und übereinanderlegen bzw. in einen gut verschließbaren Lebensmittelbeutel legen, damit sie warm und weich bleiben, oder sofort wie folgt belegen: Paprika, Salat, Karotten und Frühlingszwiebeln auf der Piadina streifenweise anordnen, dann die Thunfisch-Mayonnaise dazugeben. ⓫ Zwei gegenüberliegende Seiten leicht nach innen klappen und die Piadina von einer nicht nach innen geklappten Seite her aufrollen. ⓬ Ganz oder halbiert servieren, damit man die Füllung sieht.

TIPP

Die Füllung schmeckt auch mit Salatgurken oder Radicchio sehr gut.

Maiskolben mit Kräuter-Skyr und Tomatenbutter

Für 4 Personen

FÜR DIE MAISKOLBEN

4	Maiskolben
4	Knoblauchzehen
6	Zweige Thymian
etwas	Salz
etwas	Pfeffer
6–7	EL Olivenöl

FÜR DEN KRÄUTER-SKYR

150 g	Skyr (Mila)
1 EL	gehackter Schnittlauch
1 EL	gehackte Petersilie
½	gehackte Knoblauchzehe
2 EL	Zitronensaft
etwas	Salz
etwas	Pfeffer

FÜR DIE TOMATENBUTTER

4	getrocknete Tomaten, in Öl
100 g	weiche Butter
1 EL	Tomatenmark
etwas	Salz
etwas	Pfeffer

 20 Minuten
40 Minuten
niedrig
vegetarisches Rezept

FÜR DIE MAISKOLBEN

❶ Wasser in einem großen Topf zum Kochen bringen.
❷ Blätter und Bart der Maiskolben entfernen, Stiel abschneiden und Kolben waschen. ❸ Sobald das Wasser kocht, die Maiskolben hineingeben und ca. 15 Minuten kochen lassen, gelegentlich umdrehen. Herausnehmen und kurz abtropfen lassen. ❹ Die Maiskolben in ca. 3 cm dicke Scheiben schneiden und in eine Schüssel geben. ❺ Den ungeschälten und mit dem Messer leicht zerdrückten Knoblauch, Thymianzweige, Salz, Pfeffer und Öl hinzufügen, gut vermischen und beiseitestellen. ❻ In der Zwischenzeit den Backofen auf 190 °C (Umluft) vorheizen. ❼ Die Maiskolben auf ein mit Backpapier ausgelegtes Backblech legen und in ca. 25 Minuten goldgelb backen, gelegentlich wenden. ❽ Aus dem Ofen nehmen und mit Kräuter-Skyr sowie Tomatenbutter servieren.

FÜR DEN KRÄUTER-SKYR

❶ Den Skyr mit Schnittlauch, Petersilie, Knoblauch, Salz, Pfeffer und Zitronensaft gut vermischen.

FÜR DIE TOMATENBUTTER

❶ Tomatenfilets hacken und beiseitestellen. ❷ Die Butter mit dem Schneebesen cremig rühren, Tomatenmark und getrocknete Tomaten dazugeben, mit Salz und Pfeffer abschmecken. ❸ Bis zum Servieren in den Kühlschrank stellen.

TIPP

Wenn Maiskolben nicht Saison haben, kann man auch die vorgekochten verwenden und diese dann direkt im Backofen weiterbacken.

SCHNELL & EINFACH

Specklinsen

Für 4 Personen

210 g	Linsen
½	Zwiebel
1	Karotte
1	Stangensellerie
60 g	Speck
4 EL	Samenöl
1 EL	Tomatenmark
800 ml	Wasser
etwas	Salz
etwas	Pfeffer

15 Minuten
35 Minuten
niedrig

Linsen werden oft auch als „Fleisch der Armen" bezeichnet. Sie sind reich an Ballaststoffen, Kalium, Phosphor, Kalzium, Vitamin B6, Thiamin und Folsäure. Gute Gründe, um sie regelmäßig zu essen, würde ich sagen. Darüber hinaus müssen die meisten Linsen nicht eingeweicht werden, sodass man sie einfach gleich kochen kann.

❶ Die Linsen in ein Sieb geben, durchspülen und abtropfen lassen. ❷ Zwiebel putzen, Karotte und Sellerie putzen und waschen. ❸ Das Gemüse fein hacken, den Speck würfeln. ❹ Öl in einer Pfanne erhitzen und Zwiebel, Karotte, Sellerie und Speck darin einige Minuten anbraten. ❺ Linsen dazugeben und weitere 2–3 Minuten rösten. ❻ Tomatenmark und einen Teil des Wassers hinzufügen, zudecken und ca. 30 Minuten bei schwacher Hitze weiterkochen. ❼ Gelegentlich umrühren und weiteres Wasser dazugeben, bis die Linsen gar sind. ❽ Gegen Ende der Garzeit salzen und pfeffern. ❾ Linsen passen gut als Beilage oder auch als Vorspeise auf Crostini.

TIPP
Wichtig: Linsen erst gegen Ende der Garzeit salzen, ansonsten bleiben sie hart. Dies gilt auch für braune Bohnen.

Gratinierter Fenchel mit Speck und Béchamelsoße

Eine cremige und würzige Beilage mit Knuspereffekt. Eine deftigere und leckere Alternative zum klassischen Grillgemüse.

FÜR DIE BÉCHAMELSOSSE

❶ Öl in einem Topf erhitzen, Mehl und Salz unter ständigem Rühren dazugeben, damit keine Klumpen entstehen.
❷ Bei schwacher Hitze unter Rühren leicht bräunen lassen.
❸ Einen Teil der Milch hinzufügen und weiterrühren, bis eine geschmeidige Soße entsteht. ❹ Bei schwacher Hitze und unter Rühren weiterkochen lassen, bis die Soße eindickt.
❺ Dann die restliche Milch und die Muskatnuss dazugeben.
❻ Unter Rühren nochmals kurz aufkochen, Hitze ganz zurückdrehen und weitere 10 Minuten kochen lassen.
❼ Vom Herd nehmen und Parmesan unterrühren.

FÜR DEN FENCHEL

❶ Fenchel waschen, grüne Stängel und Bart entfernen, vierteln und Strunk entfernen. ❷ Über Dampf ca. 6 Minuten leicht weich kochen. ❸ Backofen auf 180 °C (Umluft) vorheizen. ❹ Speck in sehr kleine Würfel schneiden und beiseitestellen. ❺ Toastbrot hacken und zusammen mit Rosmarin, Salz und ca. 4 Esslöffeln Olivenöl in einen Standmixer geben und mixen. ❻ Fenchelspalten grob schneiden und in eine Auflaufform legen. ❼ Die Béchamelsoße dazugeben und vorsichtig vermischen. ❽ Mit der Rosmarin-Brotmischung und den Speckwürfeln bestreuen.
❾ Mit etwas Olivenöl beträufeln und bei 180 °C ca. 20 Minuten backen, bis die Oberfläche goldgelb ist. ❿ Aus dem Ofen nehmen und heiß oder lauwarm servieren.

Für 4 Personen

FÜR DIE BÉCHAMELSOSSE

40 ml	Samenöl
40 g	Mehl 00
400 ml	Milch
etwas	Muskatnuss
etwas	Salz
3 EL	geriebener Parmesankäse

FÜR DEN FENCHEL

1	großer Fenchel
60 g	Speck in Scheiben (2 mm dick)
60 g	Toastbrot
1	Zweig Rosmarin
4 EL	Olivenöl

⊗ 20 Minuten
▦ 20 Minuten
⊜ niedrig

Karamellisierte Zwiebeln mit Honig und Balsamicoessig

Geröstete Borrettane-Zwiebeln gehören seit meiner Kindheit zu meinen Lieblingsbeilagen. Sie haben eine flache Form und schmecken besonders süß und mild. Meine Mama hat sie oft sonntags zubereitet und glücklicherweise mochte meine Schwester sie nicht, also blieben mehr für mich übrig. Ich mache sie nicht ganz so wie meine Mama, aber ich finde, dass sie mit Honig und Balsamicoessig wirklich fabelhaft harmonieren ... und meiner Mama schmecken sie so übrigens auch.

Für 4 Personen

300 g	frische Borrettane-Zwiebeln
3 EL	Olivenöl
100 ml	Weißwein
1 TL	Honig
2 EL	Balsamicoessig
etwas	Salz
etwas	Pfeffer

❶ Zwiebeln schälen bzw. putzen und gegebenenfalls die äußerste Schicht entfernen, sollte sie Druckstellen aufweisen. ❷ Ca. 3 Esslöffel Olivenöl in einer Pfanne erhitzen und die Zwiebeln darin bei starker Hitze einige Minuten anbraten, ab und zu wenden. ❸ Sobald sie auf beiden Seiten gut angebraten sind, mit Weißwein ablöschen und diesen verdunsten lassen. ❹ Honig und Balsamicoessig dazugeben und die Zwiebeln wenden. ❺ Sobald der Honig geschmolzen ist, einige Esslöffel Wasser hinzufügen, salzen und pfeffern. ❻ Bei schwacher Hitze zugedeckt ca. 20 Minuten köcheln lassen, Zwiebeln ab und zu wenden und eventuell Wasser hinzufügen, sollten sie zu trocken sein. ❼ Sollte die Soße hingegen zu flüssig sein, kurz bei mittlerer bis starker Hitze ohne Deckel kochen lassen, damit sie etwas eindickt.

- 20 Minuten
- 20 Minuten
- niedrig
- vegetarisches Rezept

TIPP

Wer den süß-sauren Geschmack nicht so mag, kann sowohl den Honig als auch den Balsamicoessig weglassen. Dann werden die Zwiebeln so, wie sie meine Mama kocht.

Ofenkürbis mit Kräutern

Kürbis darf im Herbst in der Küche nicht fehlen. Ich finde, er hat ein wunderbares Aroma, besticht mit seiner Farbe und ist vielseitig einsetzbar. Ganz einfach im Backofen mit einigen Kräutern gebacken, wird er schnell zu einer leckeren Beilage und passt sowohl zu Fleisch wie auch Fisch.

❶ Den Backofen auf 200 °C (Umluft) vorheizen. ❷ Den Kürbis schälen und in 1,5 cm große Würfel schneiden. ❸ In eine Schüssel geben und mit dem Olivenöl und Salz gut vermischen, anschließend auf einem mit Backpapier belegten Blech verteilen. ❹ Die äußerste Schale der Knoblauchzehen entfernen und diese anschließend mit einem Messer etwas platt drücken, zwischen die Kürbiswürfel legen, die Rosmarinzweige waschen und trocken schütteln, zum Kürbis geben. ❺ Bei 200 °C ca. 25 Minuten backen, ab und zu umrühren. ❻ Die Backzeit kann sich je nach Würfelgröße bzw. der gewünschten Konsistenz der Kürbiswürfel ändern: Wer den Kürbis lieber knackig hat, verringert die Kochzeit, wer ihn gerne sehr weich hat, verlängert sie um wenige Minuten. ❼ Aus dem Ofen nehmen und warm servieren.

TIPP
Wer kein Kräutersalz hat, kann auch gewöhnliches Salz verwenden und einfach noch einige Kräuter, wie Thymian und Salbei, mit aufs Blech legen.

Für 4 Personen

900 g	Kürbis
5–6	Zweige Rosmarin
7–8	Knoblauchzehen
5–6 EL	Olivenöl
etwas	Kräutersalz

⊗ **20 Minuten**
▣ **25 Minuten**
⊖ **niedrig**
Ⓥ **vegetarisches Rezept**

SÜSSES

Buchweizen-Honig-Muffins

Für 12 Muffins

FÜR DEN TEIG

100 g	Buchweizenmehl (Meraner Mühle)
30 g	Dinkelmehl (Meraner Mühle)
½	Bio-Zitrone (Schale)
1 TL	Backpulver
3	Eier
80 g	Honig
80 ml	Samenöl
120 g	Apfel

AUSSERDEM

200 g	Preiselbeermarmelade

 **20 Minuten**

20 Minuten

niedrig

Buchweizenmehl ist hier in Südtirol sehr beliebt und wird sowohl für süße als auch für herzhafte Speisen verwendet. Zudem ist es glutenfrei und daher auch für Menschen mit einer Glutenunverträglichkeit geeignet. Wer möchte, kann diese Muffins auch nur mit Buchweizenmehl zubereiten.

❶ Buchweizenmehl, Dinkelmehl, geriebene Schale einer Zitrone und Backpulver vermischen und beiseitestellen. ❷ Ein Muffinblech mit Papiermanschetten auslegen oder die Mulden einölen. Backofen auf 180 °C (Ober-/Unterhitze) vorheizen. ❸ Eier trennen und das Eiweiß zu steifem Schnee schlagen. ❹ Honig zum Eigelb geben und alles mit dem Handrührer verrühren, bis eine sehr schaumige Masse entsteht. ❺ Nun das Öl unter ständigem Rühren langsam eingießen. ❻ Apfel waschen, schälen und 120 g davon in die Ei-Öl-Mischung reiben. ❼ Mehlmischung dazugeben und unterheben. ❽ Zum Schluss den Eischnee unterheben. ❾ Den Teig in die 12 Mulden füllen und in die Mitte einen Teelöffel Marmelade setzen. ❿ Bei 180 °C ca. 20 Minuten backen (Stäbchenprobe). ⓫ Aus dem Ofen nehmen und abkühlen lassen. ⓬ Die Muffins mit etwas Marmelade garnieren.

TIPP
Die Muffins schmecken auch mit Sahne sehr lecker.

Orangenkuchen mit weißer Schokolade

Für 1 Kuchen
(22–24 cm Durchmesser)

2	Bio-Orangen (Schale)
180 g	Zucker
200 ml	frisch gepresster Orangensaft
100 ml	Samenöl
250 g	Dinkelmehl
20 g	Maisstärke
1 TL	Backpulver
5	Eier
2 Prisen	Salz
4 EL	weiße Schokotropfen

25 Minuten

50 Minuten

niedrig

Dies ist einer jener Kuchen, die man am besten auf dem Sofa genießt, idealerweise unter einer warmen Decke, während das Feuer im Kamin vor sich hin knistert. Aber ok, man kann ihn auch zum Frühstück im Stehen essen, bevor man zur Arbeit eilt. Allein nur der Duft, der sich während des Backens im ganzen Haus verbreitet, ist phänomenal.

❶ Orangen waschen, trocken tupfen und die Schale abreiben. ❷ Zusammen mit dem Zucker in eine Schüssel geben, umrühren und beiseitestellen. ❸ Orangen auspressen und 200 ml Saft abmessen, 100 ml Öl hinzufügen und beiseitestellen. ❹ Mehl, Maisstärke und Backpulver mischen und beiseitestellen. ❺ Backofen auf 180 °C (Ober-/Unterhitze) vorheizen und den Boden einer Kuchenform mit Backpapier auslegen. ❻ Eier trennen und das Eiweiß mit Salz zu Schnee schlagen. ❼ Dann die Eigelbe mit dem Zucker-Orangenschale-Gemisch sehr schaumig schlagen. ❽ Unter weiterem Rühren die Hälfte des Orangensaftes mit dem Öl dazugeben. ❾ Die Hälfte des Mehls über die Eimischung sieben und verrühren. ❿ Den restlichen Saft und das Mehl dazugeben, weiterrühren, bis eine homogene Masse entstanden ist. ⓫ Zum Schluss das geschlagene Eiweiß und die weißen Schokotropfen unterheben. ⓬ Den Teig in die Form füllen und bei 180 °C ca. 50 Minuten backen (Stäbchenprobe). ⓭ Aus dem Ofen nehmen und auf einem Kuchengitter abkühlen lassen. ⓮ Den Kuchen mit Staubzucker dekorieren und servieren.

TIPPS

● Statt weiße Schokotropfen kann man auch Zartbitterschokolade verwenden, diese harmoniert hervorragend mit Orangen.

● Anstatt Orangen kann man auch Zitronen verwenden.

Schokolade-Bier-Kuchen mit Baiser-Haube

Ich bin eigentlich keine Bierliebhaberin, ich trinke selten eines, außer wenn es im „Radler" versteckt ist und durch die Zitronenlimonade etwas süßer schmeckt. Ich bin mehr für ein gutes Glas Wein … aber, weil es ja immer ein Aber geben kann und Ausnahmen die Regel bestätigen, schätze ich bei diesem Kuchen auch Bier. Es gibt ihm eine bittere Note und harmoniert perfekt mit der Zartbitterschokolade und der süßen Baiser-Haube. Auch die Konsistenz dieses Kuchens ist einmalig, weich und feucht.

❶ Zartbitterschokolade grob schneiden und mit der Butter in einen kleinen Topf geben, langsam erwärmen.
❷ Unter gelegentlichem Rühren schmelzen lassen.
❸ Backofen auf 170 °C (Ober-/Unterhitze) vorheizen.
❹ Die geschmolzene Schokolade vom Herd nehmen, den Zucker und das Kakaopulver hinzufügen und gut verrühren, bis eine homogene Masse entsteht. ❺ Eier, Eigelb und Vanilleextrakt dazugeben und gut verrühren. ❻ Mehl, Backpulver und Natron in einer Schüssel vermischen.
❼ Die Schokoladen-Ei-Mischung dazugeben und verquirlen.
❽ Dann langsam das Bier eingießen und mit dem Handmixer weiterrühren, bis eine homogene Masse entsteht. ❾ Teig in die mit Backpapier ausgelegte Kuchenform gießen und bei 170 °C 45 Minuten backen. ❿ Ca. 10 Minuten vor Backende das Eiweiß mit Zucker und Salz steif schlagen. ⓫ Nach 45 Minuten den Kuchen aus dem Ofen nehmen, den Eischnee darauf verteilen und weitere 20–25 Minuten backen, dabei die Temperatur auf 120 °C zurückdrehen.
⓬ Aus dem Ofen nehmen, auf einem Kuchengitter abkühlen lassen und mit Zartbitterschokolade garnieren.

Für 1 Kuchen (22–24 cm Durchmesser)

FÜR DEN TEIG

200 g	Butter
100 g	Zartbitterschokolade
200 g	Zucker
50 g	Kakaopulver (ungesüßt)
2	Eier (Raumtemperatur)
2	Eigelb
1 EL	Vanilleextrakt
275 g	Dinkelmehl
1 TL	Backpulver
½ TL	Natron
250 ml	rotes oder dunkles Bier

FÜR DIE BAISER-HAUBE

2	Eiweiß
1 Prise	Salz
3 EL	Zucker

ZUM DEKORIEREN

Zartbitterschokolade

🔪 25 Minuten
🍰 65 Minuten
🍳 mittel

Erdbeer-Rhabarber-Crumble

❶ Backofen auf 175 °C vorheizen (Umluft). ❷ Rhabarberstiele und Erdbeeren putzen und waschen, eventuell das holzige Ende der Rhabarberstiele entfernen. Erdbeeren und Rhabarber in ca. 2 cm große Stücke schneiden. ❸ In eine gebutterte Auflaufform geben und mit 25 g Zucker und dem Zitronensaft vermischen. ❹ Die Mandeln fein hacken und mit dem Mehl in eine Schüssel geben. ❺ Die restlichen 75 g Zucker, Zimt und die kalte Butter dazugeben und alles mit den Fingern zu Streuseln verarbeiten. ❻ Die Streusel auf dem Obst verteilen und alles bei 175 °C ca. 40 Minuten goldgelb backen. ❼ Aus dem Ofen nehmen und den Crumble warm oder lauwarm servieren.

TIPPS

● Dazu schmeckt Vanilleeis oder Schlagsahne.
● Der Crumble kann auch nur mit Rhabarber zubereitet werden, in diesem Fall einfach die 200 g Erdbeeren durch die gleiche Menge Rhabarber ersetzen.

**Für eine Ofenform
(ca. 30 × 20 cm)**

400 g	Rhabarber
200 g	Erdbeeren
1	Zitrone (Saft)
100 g	Zucker
40 g	Mandeln
75 g	Mehl
1 Prise	Zimt
100 g	Butter

 **20 Minuten**

40 Minuten

niedrig

 AUS MEINEM NOTIZBUCH
Meinen ersten Rhabarber-Crumble habe ich in Australien gegessen.
Lies weiter auf Seite 253.

Vollkorn-Gallette mit Pfirsichen und Himbeeren

Ach, wie schön ist der Sommer ... Man muss nicht zur Schule und somit gibt es morgens keinen Stress, die Kinder startklar zu machen, man muss meist weniger waschen, weil man ja sowieso nur mit Badehose oder höchstens einem T-Shirt und Shorts herumläuft, und dann gibt es einen kostbaren Schatz, das Saisonobst. So bunt, so saftig, so gut. Zu meinen Lieblingsfrüchten zählen sicherlich Pfirsiche und Himbeeren. Erstere werden meistens gekauft, Zweitere ernte ich dann schon in meinem kleinen, aber dennoch feinen Obst- und Gemüsegarten.

FÜR DEN MÜRBTEIG

❶ Die Butter in Würfel schneiden und zusammen mit den restlichen Teigzutaten in einen Standmixer geben, in regelmäßigen Abständen mixen. ❷ Sobald eine krümelige Masse entstanden ist, alles auf eine Arbeitsfläche geben und mit den Händen rasch zu einem glatten Teig verkneten. ❸ Den Teig leicht flach drücken, in Frischhaltefolie einwickeln und für 30 Minuten in den Kühlschrank legen.

FÜR DIE FÜLLUNG

❶ In der Zwischenzeit die Pfirsiche waschen, schälen, in ca. 1 cm dünne Spalten schneiden und in eine Schüssel geben. Himbeeren waschen, trocken tupfen und zu den Pfirsichen geben. ❷ Den Rohrzucker und das Mehl dazugeben und vorsichtig mischen. ❸ Backofen auf 170 °C (Umluft) vorheizen. ❹ Den Teig aus dem Kühlschrank nehmen und direkt auf dem Backpapier zu einem 30 cm großen Kreis ausrollen.

→

Für 8–10 Stücke

FÜR DEN MÜRBTEIG

90 g	Mehl 00
90 g	Vollkornmehl
1 EL	Rohrzucker
165 g	kalte Butter
1	Eigelb
2 Prisen	Salz

FÜR DIE FÜLLUNG

5	Pfirsiche
150 g	Himbeeren
3 EL	Rohrzucker
2 EL	Mehl

AUSSERDEM

1	Eiweiß
etwas	Rohrzucker

25 Minuten
30 Minuten
55 Minuten
mittel

❺ Die Füllung auf dem Teig verteilen, dabei einen Rand von ca. 3 cm frei lassen. ❻ Den Rand anschließend einklappen, damit er teilweise die Füllung bedeckt. ❼ Eiweiß mit einer Gabel verquirlen, den Rand damit bestreichen und mit Rohrzucker bestreuen. ❽ Zusammen mit dem Backpapier in eine Kuchenform geben und bei 170 °C ca. 50 Minuten backen, bis die Oberfläche goldgelb ist. ❾ Aus dem Ofen nehmen, 5 Minuten ruhen lassen und servieren oder auch kalt genießen.

TIPP

Wer keinen Standmixer hat, knetet den Teig einfach mit der Hand, dabei aber darauf achten, dass er nicht zu lange geknetet wird.

Schnelle Blätterteigtaschen mit Äpfeln und Pekannüssen

Für 6 Blätterteigtaschen

2	mittlere Äpfel
1	Zitrone (Saft)
25 g	Butter
7 EL	Ahornsirup
½ TL	Zimt
1 Rolle	Blätterteig
10	Pekannüsse

20 Minuten

25 Minuten

niedrig

Wenige Zutaten, viel Geschmack. Ein klassisches Last-minute-Dessert, wenn man nicht viel zu Hause hat. Denn es ist ja allseits bekannt: Die Lust auf Süßes kommt, wann sie Lust hat, und dann ist es günstig, wenn man sie zu stillen weiß.

❶ Äpfel waschen, schälen, in kleine Würfel schneiden, in eine Schüssel geben und mit Zitronensaft verrühren. ❷ Butter in einer Pfanne erhitzen und die Äpfel 2–3 Minuten darin rösten, 5 Esslöffel Ahornsirup und den Zimt dazugeben, einige Minuten köcheln lassen, bis die Äpfel weich sind. ❸ Die Apfelwürfel auf einem Teller ausbreiten und abkühlen lassen. ❹ Backofen auf 190 °C (Umluft) vorheizen. ❺ Den Teig ausrollen, in 6 Rechtecke von ca. 12 × 10 cm schneiden. ❻ Eine kurze Seite bis zur Mitte kammartig einschneiden. ❼ Ca. 2 Esslöffel Apfelwürfel auf die andere Hälfte legen, die Ränder leicht mit Wasser bepinseln und die eingeschnittene Hälfte über die Äpfel klappen, damit diese vollständig bedeckt sind. ❽ Ränder durch Andrücken gut verschließen und die Taschen auf ein mit Backpapier ausgelegtes Backblech legen. ❾ Die Pekannüsse grob hacken. ❿ Den Blätterteig mit dem restlichen Ahornsirup bestreichen und mit Pekannüssen bestreuen. ⓫ Bei 190 °C ca. 18 Minuten goldgelb backen. ⓬ Aus dem Ofen nehmen und heiß oder kalt genießen.

TIPP
Wer mag, kann auch einige Rosinen zu den Äpfeln geben.

Haferflocken-Mandel-Kekse

Für 20 Kekse

100 g	Mandeln
60 g	getrocknete Aprikosen
1	Eiweiß
1 Prise	Salz
2 EL	Honig
50 g	Haferflocken
50 g	Sesam
40 g	Kürbiskerne

20 Minuten

30 Minuten

niedrig

Diese leckeren Kekse kommen ganz ohne Mehl und ohne Fett aus. Zum Süßen habe ich ein bisschen Honig verwendet, so entsteht ratzfatz ein leckerer und gesunder Snack, den auch Kinder lieben.

❶ Backofen auf 120 °C (Umluft) vorheizen. ❷ Ein Backblech mit Backpapier auslegen. ❸ Mandeln grob hacken und die getrockneten Aprikosen in Würfel schneiden, beiseitestellen. ❹ Eiweiß mit Salz in einer großen Schüssel zu Schnee schlagen, Honig hinzufügen und weiterschlagen, bis eine homogene Masse entstanden ist. ❺ Mandeln, Aprikosen, Haferflocken, Sesam und Kürbiskerne dazugeben, alles unterheben. ❻ Mithilfe von zwei Esslöffeln kleine Häufchen auf das Backpapier legen und flach drücken, bis ein ca. 5 cm großer flacher Kreis entstanden ist. Die Kekse gehen im Backofen nicht besonders auf, also kann man sie ruhig ziemlich eng nebeneinander setzen. ❼ Bei 120 °C ca. 30 Minuten backen, bis die Oberfläche goldgelb ist. ❽ In den letzten 5 Minuten einen Holzlöffel in die Ofentür stecken, damit der Dampf durch den kleinen Spalt entweichen kann, so trocknen die Kekse besser. ❾ Die Kekse aus dem Ofen nehmen und abkühlen lassen, bevor man sie vom Backpapier nimmt, sonst zerbröckeln sie. Sobald sie ausgekühlt sind, sind sie resistenter und knusprig.

TIPP
Sesam und Kürbiskerne können durch andere Kerne ersetzt werden, z. B. Sonnenblumenkerne.

Schoko-Espresso-Pannacotta

Für 6 Personen

FÜR DIE PANNACOTTA

6 g	Blattgelatine
250 ml	Sahne
200 ml	Milch
80 ml	Espresso
50 g	Zucker
30 g	Kakaopulver (ungesüßt)
150 g	Milchschokolade

ZUM DEKORIEREN

100 ml	Sahne
	Zartbitterschokoladespäne

15 Minuten
10 Minuten
3 Stunden
mittel

Ich bereite diese Pannacotta mindestens zweimal im Jahr zu. Nach Nikolaus und nach Ostern, wenn mich Schokohasen und Nikoläuse aus allen Ecken meiner Küche anstarren, dann werden sie gnadenlos eingeschmolzen. Es würde hier zwar zwei kleine Abnehmerinnen geben, die sie problemlos alle auch so essen würden, aber das ist eine andere Geschichte.

❶ Blattgelatine 10 Minuten in kaltem Wasser einweichen. ❷ In der Zwischenzeit Sahne, Milch, Kaffee und Zucker in einen Topf geben und unter häufigem Rühren zum Kochen bringen, bis sich der Zucker aufgelöst hat, dann vom Herd ziehen. ❸ Gelatine leicht ausdrücken und hinzufügen, gut verrühren, damit sie sich auflöst. ❹ Kakaopulver und gehackte Milchschokolade dazugeben, alles gut verrühren, bis eine homogene Masse entstanden ist. ❺ In 6 Gläser oder Schalen füllen, mit Folie abdecken und mindestens 3 Stunden im Kühlschrank kühlen, idealerweise die ganze Nacht. ❻ Pannacotta aus dem Glas stürzen oder im Glas lassen und mit Schlagsahne und Schokospänen garniert servieren.

TIPP

Falls auch Kinder mitessen, einfach den Espresso durch koffeinfreien Espresso oder dieselbe Menge Milch ersetzen.

Marillen-Limetten-Mousse

Im Sommer, wenn es heiß ist oder auch wenn man ein üppiges Mittag- oder Abendessen plant, passt ein frisches und cremiges Dessert am besten und macht alle glücklich. Bei diesen Gelegenheiten bereite ich normalerweise eine Mousse zu, die nicht nur sehr vielseitig ist, sondern auch problemlos im Voraus zubereitet werden kann.

❶ Blattgelatine für 10 Minuten in kaltem Wasser einweichen. ❷ Marillen waschen, entsteinen, in einen Topf geben und erhitzen, einige Minuten weichkochen. ❸ Mit dem Stabmixer pürieren. ❹ Zucker, Mark einer halben Vanilleschote und Limettensaft dazugeben und kurz aufkochen lassen. ❺ Vom Herd nehmen, die Gelatineblätter, ohne sie auszudrücken, einzeln hinzufügen und mit einem Schneebesen gut verrühren, bis sie sich aufgelöst haben. ❻ Masse in eine Schüssel geben, abdecken und ca. 30 Minuten bzw. bis die Masse zu gelieren beginnt, kalt stellen. ❼ Sahne steif schlagen und vorsichtig unter die Marillenmischung heben. ❽ Abdecken und vor dem Servieren mindestens 2 Stunden kalt stellen. ❾ Die Mousse in kleinen Gläsern oder Schüsselchen mit Limettenscheiben garniert servieren.

TIPPS

● Anstatt Limetten kann man auch Zitronen verwenden.
● Anstatt Marillen kann man auch Pfirsiche oder Mango verwenden.

Für 6 Personen

4 g	Blattgelatine
250 g	reife Marillen
80 g	Zucker
2	Limetten (Saft)
½	Vanilleschote (Mark)
300 ml	Sahne
einige	Limettenschreiben

15 Minuten
5 Minuten
2 Stunden und 30 Minuten
mittel

Ofenschmarrn
mit Ricotta und Himbeeren

Theoretisch ist Schmarrn ein Dessert, aber man weiß ja, Theorie und Praxis gehen oft auseinander, deshalb essen wir ihn oft als Mittag- oder Abendessen. Andererseits, wie meine Tochter immer sagt: „Mami, wie hießen die Leute, die erst das Dessert und dann in umgekehrter Reihenfolge bis zur Vorspeise weiteraßen?" „Futuristen, Schatz, das waren die Futuristen!" „Ja genau, die haben verstanden, wie es funktioniert, sonst riskiert man ja, dass man fürs Dessert keinen Platz mehr hat, und das wäre schade!"

❶ Ricotta mit Grieß und Dinkelmehl in eine Schüssel geben, Zucker, abgeriebene Schale einer Zitrone und Milch dazugeben und mit dem Handrührer verrühren, bis eine homogene Masse entsteht. ❷ Eier trennen und die Eigelbe in die Grießmasse rühren. ❸ Eiweiß mit einer Prise Salz steif schlagen und unter die Grießmasse heben. ❹ Backofen auf 180 °C (Ober-/Unterhitze) vorheizen. ❺ Eine ofenfeste Form oder Pfanne (ca. 30 cm Durchmesser) auf dem Herd kurz erhitzen und darin 20 g Butter in 1 Esslöffel Öl zerlassen. ❻ Die Grießmasse eingießen und bei mittlerer Hitze ohne Rühren ca. 2 Minuten backen, bis sich am Boden eine Kruste bildet. ❼ Anschließend bei 180 °C ca. 15 Minuten backen. ❽ Dann einige Butterstücke und die Hälfte der Himbeeren auf der gesamten Oberfläche verteilen. ❾ Ca. 10–15 Minuten weiterbacken, bis die Oberfläche aufgeblasen und goldgelb ist. ❿ Aus dem Ofen nehmen und den Schmarrn mit zwei Gabeln in unregelmäßige Stücke reißen. ⓫ Mit den restlichen Himbeeren und Staubzucker servieren.

TIPP
Zum Schmarrn passt auch Marmelade oder eine Vanillesoße.

Für 4 Personen

FÜR DEN TEIG

250 g	Ricotta
75 g	Hartweizengrieß (grob)
85 g	Dinkelmehl
90 g	Zucker
1	Bio-Zitrone
100 ml	Milch
4	Eier
1 Prise	Salz

AUSSERDEM

1 EL	Samenöl
20 g	Butter
einige	Butterstücke
200 g	Himbeeren
etwas	Staubzucker

🍳 **20 Minuten**
🔥 **30 Minuten**
👨‍🍳 **niedrig**
Ⓥ **vegetarisches Rezept**

FAMILIEN-REZEPTE

Eiersalat nach Oma Imma

Für 6 Personen

FÜR DEN EIERSALAT

10 g	Butter
1 TL	Zucker
etwas	Salz
500 g	weiße Spargel
350 g	frische Champignons
2–3 EL	Samenöl
150 g	Kochschinken, in Streifen geschnitten
3	Eier
etwas	Weißweinessig oder Apfelessig

FÜR DIE MAYONNAISE

1	sehr frisches Ei
1 TL	Zitronensaft
½ TL	Senf
180 ml	Samenöl
etwas	Salz

40 Minuten

15 Minuten

1 Stunde

niedrig

 AUS MEINEM NOTIZBUCH

Ein Fixpunkt auf unserem Ostertisch. Lies weiter auf Seite 254.

FÜR DEN EIERSALAT

❶ Wasser mit Butter, Zucker und Salz in einem großen Topf zum Kochen bringen. ❷ In der Zwischenzeit die Spargeln schälen, das holzige Ende vom Stängel (ca. 2 cm) abschneiden und die Spargeln waschen. ❸ Ins kochende Wasser tauchen und 4 Minuten köcheln lassen. ❹ Herausnehmen und mit kaltem Wasser abschrecken, abtropfen lassen, in ca. 2 cm große Stücke schneiden und in eine Schüssel geben. ❺ Champignons putzen und in dünne Scheiben schneiden. ❻ Öl in einer Pfanne erhitzen und die Pilze darin bei starker Hitze unter gelegentlichem Rühren anbraten, bis die abgegebene Flüssigkeit verdampft ist.
❼ Leicht salzen, etwas abkühlen lassen und zum Spargel geben. ❽ Wasser in einem weiteren Topf zum Kochen bringen, die Eier dazugeben und 6 Minuten kochen lassen, dann mit kaltem Wasser abschrecken und auskühlen lassen. ❾ Eier schälen, in dünne Scheiben schneiden und mit dem Kochschinken zum Spargel geben. ❿ Mit der Mayonnaise verrühren und mit Essig abschmecken. ⓫ Eventuell nachsalzen und zugedeckt mindestens 1 Stunde bzw. bis zum Servieren in den Kühlschrank stellen.

FÜR DIE MAYONNAISE

❶ Ei, Zitronensaft, Senf und Salz in einen hohen Behälter geben. ❷ Alles mit dem Stabmixer mixen und dabei langsam das Öl dazugießen, bis die Mayonnaise die gewünschte Konsistenz hat.

TIPPS

● Wer den Eiersalat auf gerösteten Brotscheiben serviert, dekoriert ihn mit etwas Schnittlauch und einer Scheibe hartgekochtem Ei.
● Wer es eilig hat, kann auch Spargeln und Champignons aus der Dose verwenden.

Tagliatelle mit Steinpilzen nach Oma Imma

Ach, wie oft hat meine Oma diese Nudeln für mich zubereitet ... wenn ich genau darüber nachdenke, lädt sie mich nun seit einiger Zeit schon nicht mehr ein. Vielleicht sollte ich einfach so tun, als würde ich nicht kochen können, um mich wieder einmal einladen zu lassen.
Ja, das könnte eine gute Idee sein!
Auf jeden Fall, um diese Tagliatelle nicht erst am Ende des Sommers zu genießen, wenn Steinpilze Saison haben, bereite ich sie wie meine Oma mit getrockneten Steinpilzen zu. Diese enthalten eine große Menge an Ballaststoffen und Mineralsalzen, dafür aber wenig Fett und Zucker und sind daher auch als Diätkost geeignet.

❶ Steinpilze ca. 30 Minuten in 300 ml warmem Wasser einweichen. ❷ Dann aus dem Wasser nehmen und dieses beiseitestellen, denn es wird für die Soße benötigt.
❸ Steinpilze ausdrücken und fein hacken. ❹ Zwiebel und Knoblauch schälen und fein hacken. ❺ Butter in einer Pfanne erhitzen, Zwiebel und Knoblauch hinzufügen und eine Minute anschwitzen. ❻ Steinpilze dazugeben, bei starker Hitze unter häufigem Rühren ca. 6 Minuten anbraten und mit Weißwein ablöschen. ❼ Sobald der Wein verdunstet ist, salzen und die Hälfte vom Einweichwasser der Pilze dazugeben, Hitze verringern und 20 Minuten leicht köcheln lassen, gelegentlich umrühren und eventuell noch Einweichwasser dazugeben, falls sie zu trocken werden. ❽ In der Zwischenzeit reichlich Wasser in einem großen Topf zum Kochen bringen, salzen und die Tagliatelle hineingeben.
❾ Walnüsse schälen und grob hacken, Petersilie fein hacken.
❿ Steinpilze mit Sahne aufgießen und kurz aufkochen lassen, dann vom Herd nehmen.

→

Für 4 Personen

40 g	getrocknete Steinpilze
300 ml	warmes Wasser
1	kleine Zwiebel
1	Knoblauchzehe
50 g	Butter
100 ml	Weißwein
etwas	Salz
350 g	Tagliatelle (Eiernudeln)
5–6 EL	Sahne
4	Walnüsse
4	Stängel Petersilie
etwas	Pfeffer

- 15 Minuten
- Steinpilze: 30 Minuten
- 25 Minuten
- niedrig
- vegetarisches Rezept

❶❶ Walnüsse und Petersilie dazugeben, eventuell mit Salz und Pfeffer abschmecken und umrühren. **❶❷** Tagliatelle abgießen, dabei etwas Kochwasser beiseitestellen. **❶❸** Tagliatelle zur Steinpilzsoße geben und alles unter Zugabe von etwas Kochwasser gut vermischen und sofort servieren.

TIPP

Wer Tagliatelle gerne selbst zubereitet: 300 g Mehl, 3 Eier (Größe M) und 3 Esslöffel kaltes Wasser zu einem glatten Teig verkneten. In Frischhaltefolie einwickeln und 30 Minuten bei Raumtemperatur ruhen lassen. Den Teig portionsweise mit dem Nudelholz dünn ausrollen, mit Mehl bestäuben, aufrollen und in ca. 8 mm breite Scheiben schneiden. Auf einem bemehlten Holzbrett ausbreiten oder trocknen lassen und bei Bedarf einige Minuten in Salzwasser kochen lassen.

Es steht zwar nur mein Name auf dem Cover, aber eigentlich sind diese beiden Co-Autorinnen: links Mama Reinhild und rechts Oma Imma.

Ofennudeln mit Melanzane-Scheiben im Teigmantel nach Nonna Ottilia

Leider ist dies eines der wenigen Rezepte, die ich von meiner Nonna Ottilia habe. Wenn ich sie besuchte, verbrachten wir fast die gesamte Zeit damit, über Rezepte und Kochen zu reden. Ja, sie liebte es zu kochen. Ich erinnere mich noch genau an den Duft ihrer hausgemachten Tomatensoße, einfach himmlisch! Diese Ofennudeln sind für mich ein besonderes Gericht, wenn ich sie zubereite, führen sie mich wieder, wenn auch nur für kurze Zeit, in meine Kindheit zurück.

FÜR DIE MELANZANE-SCHEIBEN IM TEIGMANTEL

❶ Melanzana waschen und in 5 mm dicke Scheiben schneiden. ❷ Salzen, übereinander in ein Sieb legen und mit einem Teller beschweren. ❸ Das Sieb auf einen Teller stellen, damit die austretende Flüssigkeit dort abtropfen kann. Ca. 45 Minuten oder auch mehr abtropfen lassen. ❹ Eier in eine tiefe Schüssel geben, Parmesankäse, Mehl, Petersilie, Salz und Pfeffer hinzufügen und mit einer Gabel gut verquirlen. ❺ Öl (fingerdick) in eine Bratpfanne gießen und erhitzen. ❻ Sobald es heiß ist, die Melanzane-Scheiben portionsweise durch die Eimischung ziehen, kurz abtropfen lassen und im heißen Öl auf beiden Seiten goldgelb frittieren. ❼ Aus dem Öl nehmen und auf Küchenpapier abtropfen lassen.

FÜR DIE TOMATENSOSSE

❶ Zwiebel und Knoblauch schälen und fein hacken. ❷ Etwas Öl in einer Pfanne erhitzen, Zwiebel und Knoblauch darin einige Minuten anschwitzen. ❸ Anschließend passierte Tomaten und Basilikumblätter dazugeben und salzen. ❹ Unter zeitweiligem Rühren bei schwacher Hitze ca. 30 Minuten köcheln lassen.

→

Für 4 Personen

FÜR DIE MELANZANE-SCHEIBEN IM TEIGMANTEL

1	mittlere Melanzana
etwas	Salz
2	Eier
2 EL	geriebener Parmesankäse
1 EL	Mehl
½ EL	gehackte Petersilie
etwas	Pfeffer
	Öl zum Frittieren

FÜR DIE TOMATENSOSSE

½	Zwiebel
1	Knoblauchzehe
4 EL	Samenöl
500 ml	passierte Tomaten
2	Blätter Basilikum
etwas	Salz

AUSSERDEM

400 g	kurze Nudeln
200 g	Mozzarella
	geriebener Parmesankäse

 1 Stunde

 20 Minuten

 mittel

V vegetarisches Rezept

FERTIGSTELLUNG

❶ Ausreichend Wasser in einem großen Topf zum Kochen bringen, salzen und die Nudeln dazugeben. ❷ Backofen auf 200 °C (Ober-/Unterhitze) vorheizen. ❸ Mozzarella in Scheiben schneiden und beiseitestellen. ❹ Nudeln 2 Minuten vor Ende der Garzeit abseihen und mit der Tomatensoße vermischen. ❺ Die Hälfte der Nudeln in eine ofenfeste Form geben und mit der Hälfte der frittierte Melanzane-Scheiben und den Mozzarella-Scheiben abdecken. ❻ Dann die restlichen Nudeln und die übrigen Melanzane-Scheiben darauf verteilen. ❼ Mit geriebenem Parmesankäse bestreuen und bei 200 °C 10 Minuten in den Ofen schieben.

TIPP

Für noch mehr Geschmack kann man den Mozzarella durch einen würzigen Schmelzkäse ersetzen.

Thunfischnudeln nach Oma Imma

Für 4 Personen

320 g	kurze Nudeln
30 g	Zwiebel
1	Knoblauchzehe
240 g	Thunfisch in Öl, aus der Dose
50 ml	Weißwein
200 ml	Sahne
etwas	Salz
etwas	geriebener Parmesankäse (nach Belieben)
2	Eigelb

🍽 20 Minuten
🍳 10 Minuten
👨‍🍳 niedrig

Kennt ihr das, wenn ihr bei Oma zum Essen eingeladen seid und sie kocht gleich so viel, als würdet ihr zehn Tage lang nichts gegessen haben? Bei meiner Oma ist das immer so. Man setzt sich an den Tisch, sie bringt den Topf und es wird gegessen und gelacht. Wenn der Topf dann endlich fast leer ist und man schon den Gürtel lockern muss, heißt es: „Iss, drin isch nou!" Sogleich kommt auch schon Nachschub aus der Küche, obwohl man eigentlich schon am Platzen ist. Aber Omas sind einfach die besten Köchinnen, und alle bekochen, vor allem die Enkelkinder, gehört unumstritten zu deren DNA. Und das ist auch gut so.

❶ Ausreichend Wasser in einem großen Topf zum Kochen bringen, salzen und die Nudeln dazugeben. ❷ In der Zwischenzeit Zwiebel und Knoblauch schälen und fein hacken. ❸ Das Öl aus der Thunfischdose in einen kleinen Topf gießen, Zwiebel und Knoblauch hinzufügen und eine Minute darin glasig dünsten. ❹ Thunfisch dazugeben und mit einer Gabel leicht zerdrücken, bei mittlerer Hitze kochen, bis sich kein Öl mehr in der Pfanne befindet. ❺ Mit Weißwein ablöschen, den Wein verdunsten lassen und die Sahne dazugeben. ❻ Salzen, Parmesankäse nach Belieben unterrühren und köcheln lassen, bis die Nudeln gar sind. ❼ Die Pasta bissfest abseihen, dabei etwas Kochwasser beiseitestellen. ❽ Die Nudeln wieder in die Pfanne geben und mit der Thunfischsoße verrühren. ❾ Dann die Eigelbe dazugeben und alles nochmals gut umrühren. Eventuell etwas Kochwasser untermischen, damit die Soße noch cremiger wird, und sofort servieren.

Nudelsalat nach Oma Imma

Für 4 Personen

270 g	kurze Nudeln (z. B. Hörnchennudeln)
160 g	Erbsen (tiefgekühlt)
3	Eier
½	gelber Paprika
½	roter Paprika
180 g	Servelade (eine typische Wurst aus Südtirol) oder alternativ Schinkenwurst
6	Essiggurken
4–5 EL	Mayonnaise (Rezept auf Seite 116)
etwas	Salz
etwas	Weißweinessig (nach Belieben)

25 Minuten
10 Minuten
30 Minuten
niedrig

Hier gibt es gleich das nächste verlockende Rezept von meiner Oma. Also na ja, Rezept ist vielleicht nicht gerade das richtige Wort, denn jedes Mal, wenn man meine Oma fragt: „Mmmmh, gut, wie hast du das gemacht?" lautet die Antwort fast immer: „Alla Imma!" Sie mag es nicht so gern, nach Rezept zu kochen und Zutaten abzuwiegen. Tja … wie heißt es so schön … der Apfel fällt nicht weit vom Stamm, oder?

❶ Ausreichend Wasser in einem großen Topf zum Kochen bringen, salzen, Nudeln und Erbsen dazugeben. ❷ In einem kleinen Topf Wasser zum Kochen bringen, dann die Eier vorsichtig hineinlegen und 7 Minuten hart kochen, anschließend unter kaltem Wasser abschrecken. ❸ In der Zwischenzeit die Paprika waschen und trocknen, in kleine Würfel schneiden und in eine Schüssel geben. ❹ Servelade und Essiggurken ebenfalls in kleine Würfel schneiden und dazugeben. ❺ Die hartgekochten Eier schälen, in Scheiben schneiden und zu den restlichen Zutaten geben. Nudeln und Erbsen abseihen und unter kaltem Wasser kurz abschrecken. ❻ Zusammen mit Mayonnaise, Salz und etwas Essig in die Schüssel geben und alles gut umrühren. ❼ Vor dem Servieren mindestens 30 Minuten im Kühlschrank ziehen lassen.

TIPP

Dieser Nudelsalat kann gerne auch am Vortag zubereitet werden. In diesem Fall empfehle ich, den Nudelsalat ca. 15 Minuten vor dem Servieren aus dem Kühlschrank zu nehmen, damit er nicht zu kalt ist und sein Geschmack besser zur Geltung kommt.

Tomatenreis mit Wirsing nach Mirella

Für 4 Personen

1	großer Wirsing
400 g	Risotto-Reis
	(z. B. Vialone Nano)
100 g	Butter
½	Zwiebel
150 g	Tomatenmark
	(dreifach konzentriert)
½	Brühwürfel
etwas	Salz
etwas	geriebener Parmesankäse

- 20 Minuten
- 25 Minuten
- niedrig
- vegetarisches Rezept

Ach, was wäre eine Welt ohne Schwiegermütter?! Also ich hätte da bestimmt so einige Rezepte weniger, und dies wäre wirklich schade. Ich hätte dann wahrscheinlich das Rezept von diesem leckeren Tomatenreis nicht, den man ganz einfach mit wenigen Zutaten zubereitet und der natürlich hervorragend schmeckt ... sonst wäre er wohl auch nicht in diesem Buch!

❶ Ausreichend Wasser in einem großen Topf zum Kochen bringen und salzen. ❷ In der Zwischenzeit vom Wirsing die äußersten Blätter entfernen, sollten sie beschädigt sein, und den Wirsing vierteln. ❸ Unter kaltem Wasser waschen und kurz abtropfen lassen. In ca. 1 cm dicke Scheiben schneiden, große Scheiben eventuell nochmals halbieren. ❹ Den Wirsing ins kochende Wasser tauchen und 10 Minuten lang kochen lassen. ❺ Nun den Reis dazugeben und weitere 10–15 Minuten kochen. ❻ In der Zwischenzeit die Butter in einem kleinen Topf schmelzen, Zwiebel schälen und fein hacken und in der Butter glasig dünsten, das Tomatenmark, einen halben Brühwürfel und etwas Salz dazugeben, umrühren, dann ein halbes Glas Wasser hinzufügen und verdampfen lassen. ❼ Sobald der Reis bissfest gekocht ist, diesen zusammen mit dem Wirsing abseihen und zurück in den Topf bzw. in eine Schüssel geben. Die Tomatensoße dazugeben und alles gut vermischen. ❽ Sofort mit geriebenem Parmesankäse servieren.

Knödel-Weißkohl-Auflauf nach Mama

Ein üppiges und sehr schmackhaftes Gericht! Ich muss zugeben, als ich klein war, war dies nicht gerade mein Lieblingsgericht, ehrlich gesagt weiß ich nicht mal warum, aber mit der Zeit habe ich es immer mehr geliebt. Das Rezept habe ich von meiner Mama abgeschaut, die es von ihrer Mutter gelernt hat. Denn es ist ja allseits bekannt, die von Generation zu Generation überlieferten Rezepte sind immer die besten.

FÜR DEN WEISSKOHL
❶ Weißkohl waschen, halbieren, Strunk entfernen und fein schneiden. ❷ Zwiebel und Knoblauch fein hacken, Öl in einer großen Pfanne mit hohem Rand erhitzen, Zwiebel und Knoblauch dazugeben und darin glasig dünsten. ❸ Den geschnittenen Weißkohl dazugeben und ca. 7 Minuten bei starker Hitze anbraten, ab und zu umrühren. ❹ Tomatenmark dazugeben, salzen und pfeffern, ein Glas Wasser dazugießen, umrühren und zudecken, ca. 12–15 Minuten lang bei schwacher Hitze unter gelegentlichem Umrühren kochen lassen.

FÜR DIE KNÖDELBROTMASSE
❶ In der Zwischenzeit die altbackenen Semmeln in kleine Würfel schneiden und in eine Schüssel geben. ❷ Mortadella in kleine Würfel schneiden, Zwiebel schälen und fein hacken, Öl in einem kleinen Topf erhitzen, Zwiebel und Mortadella darin anbraten. ❸ Dann alles mit Milch, Eier, gehackter Petersilie, Salz und Pfeffer zu den Brotwürfeln geben und gut umrühren.

→

Für 6 Personen

FÜR DEN WEISSKOHL

800 g	Weißkohl
½	Zwiebel
1	Knoblauchzehe
5 EL	Olivenöl
2 EL	Tomatenmark (dreifach konzentriert)
etwas	Salz
etwas	Pfeffer

FÜR DIE KNÖDELBROTMASSE

280 g	altbackene Semmeln
180 g	Mortadella
½	Zwiebel
40 ml	Samenöl
350 ml	Milch
4	Eier
10	Stängel Petersilie
etwas	Salz
etwas	Pfeffer

ZUM SERVIEREN

100 g	geriebener Parmesankäse
50 g	zerlassene Butter gehackter Schnittlauch

35 Minuten
35 Minuten
mittel

❹ Sobald der Kohl wie oben beschrieben fertig gekocht ist, mit nassen Händen etwas Knödelmasse nehmen, zwischen den Händen flach drücken und auf den gedünsteten Weißkohl legen. ❺ Solange fortfahren bis die Knödelmasse fertig und der Weißkohl vollständig abgedeckt ist.

❻ Bei schwacher Hitze zugedeckt weitere 25 Minuten ohne Umrühren fertig garen. ❼ Nach Ende der Garzeit die Knödelmasse mit geriebenem Parmesankäse und zerlassener Butter anrichten. ❽ Mit gehacktem Schnittlauch garniert servieren.

TIPP

Anstatt Mortadella kann man auch Speck oder Salami, in kleine Würfel geschnitten, verwenden.

Kartoffel-Spinat-Roulade nach Mama

Über Dampf gekocht und in Scheiben geschnitten, diese Roulade weiß, wie man einfach, aber dennoch vornehm genießt, denn das Auge isst mit.

FÜR DEN KARTOFFELTEIG

❶ Die ungeschälten Kartoffeln gut waschen und über Dampf kochen (im Schnellkochtopf etwa 20 Minuten ab dem Pfiff, im gewöhnlichen Topf ca. 40 Minuten). ❷ Einfach mit einer Gabel kontrollieren, ob die Kartoffeln weich sind. ❸ Dann diese, samt Schale, in eine Kartoffelpresse geben und auf die Arbeitsfläche drücken. ❹ Die Schale bleibt in der Presse und wird einfach nach jeder Kartoffel entfernt. ❺ Die Butter in Stückchen auf den gepressten Kartoffeln verteilen, das Ganze salzen und abkühlen lassen.

FÜR DIE FÜLLUNG

❶ Den aufgetauten Spinat in einen Standmixer geben und fein mixen. ❷ Zwiebel und Knoblauch schälen und fein hacken. ❸ Öl in einer Pfanne erhitzen, Zwiebel und Knoblauch darin einige Minuten anbraten. ❹ Spinat dazugeben, salzen, pfeffern und mit Muskatnuss würzen. ❺ Alles einige Minuten dünsten, dann vom Herd ziehen und auskühlen lassen.

FERTIGSTELLUNG

❶ Sobald die Kartoffeln abgekühlt sind, Ei und Mehl dazugeben und rasch zu einem Teig verarbeiten. ❷ Falls der Teig zu weich und klebrig ist, noch etwas Mehl dazugeben. ❸ Ca. 2 cm hoch Wasser in einem großen Topf zum Kochen bringen. ❹ Den Kartoffelteig auf einer bemehlten Fläche zu einem 5 mm dicken Rechteck von ca. 25 × 30 cm ausrollen.

→

Für 4 Personen

FÜR DEN KARTOFFELTEIG

1 kg	mehlige Kartoffeln
50 g	Butter
etwas	Salz
1	Ei
220 g	Mehl Typ 00

FÜR DIE FÜLLUNG

500 g	Spinat (tiefgekühlt)
½	Zwiebel
1	Knoblauchzehe
5 EL	Samenöl
etwas	Salz
etwas	Pfeffer
etwas	Muskatnuss

ZUM SERVIEREN

etwas	geriebener Parmesankäse
etwas	Butter

⊘ **20 Minuten**
▨ **60 Minuten**
⌂ **mittel**

❺ Die Spinatfülle darauf verstreichen. ❻ Die zwei kurzen Seiten ca. 2 cm einschlagen und dann den Teig der Länge nach aufrollen. ❼ Auf ein sauberes Küchentuch legen und die Spinatrolle darin vollständig einrollen, anschließend die Enden zudrehen, wie bei einem Bonbon. ❽ Die Spinatrolle ins kochende Wasser legen und zugedeckt ca. 40 Minuten köcheln lassen. ❾ Aus dem Topf nehmen und 5 Minuten auf einem Schneidebrett ruhen lassen. ❿ Dann das Küchentuch öffnen, die Spinatrolle in Scheiben schneiden und mit geriebenem Parmesankäse sowie zerlassener Butter servieren.

Bohnensuppe nach Oma Imma

Ui, hier gibt es unser Familienrezept für dieses wunderbare „arme" Gericht, das aber so toll schmeckt! Die Zubereitung ist wirklich sehr einfach, ohne Zugabe von passierten Tomaten und ohne vorheriges Anbraten. Eine Variante zur klassischen Bohnensuppe, aber garantiert ein Erfolg!

❶ Die braunen Bohnen mit dem Lorbeer und dem Essig für 12 Stunden in 1,5 Liter Wasser einweichen. ❷ Am nächsten Tag die Bohnen mit dem Wasser in einen großen Topf geben und ca. 1 Stunde kochen. ❸ In der Zwischenzeit die Nudeln in ausreichend Salzwasser bissfest kochen und abseihen. ❹ Butter schmelzen lassen. ❺ Die Nudeln mit dem geriebenen Parmesankäse und der zerlassenen Butter in einer Schüssel schichten, bis alle Zutaten aufgebraucht sind. ❻ Sobald die Bohnen fast gar sind, salzen. ❼ Zwiebel und Knoblauch schälen und fein hacken. ❽ Öl in einem kleinen Topf erhitzen, Zwiebel und Knoblauch darin einige Minuten anbraten, aber auf keinen Fall braun werden lassen! ❾ Dann 2 Esslöffel Mehl dazugeben und alles schnell mit einer Gabel verrühren, bis es eindickt. ❿ Die Suppe nochmals aufkochen und das Zwiebel-Mehl-Gemisch langsam dazugießen, dabei ständig mit einem Schneebesen rühren. ⓫ Eventuell nachsalzen. Falls die Suppe zu dickflüssig ist, einfach etwas Wasser dazugeben. ⓬ Zum Servieren etwas Nudeln in einen Teller geben und dann die Bohnensuppe dazugießen.

TIPPS

● Die Suppe schmeckt sehr gut, wenn man noch einen Schuss Essig in den Teller gibt.
● Die Bohnen kann man auch im Schnellkochtopf kochen, dann benötigen sie ca. 20 Minuten ab dem Pfiff.
● Die Bohnen erst gegen Ende der Garzeit salzen, sonst bleiben sie hart.

Für 4 Personen

500 g	getrocknete braune Bohnen
1,5 l	Wasser
4	Blätter Lorbeer
2 EL	Essig
200 g	kurze Nudeln (z. B. Ditalini)
40 g	zerlassene Butter
etwas	geriebener Parmesankäse
1	Knoblauchzehe
½	Zwiebel
100 ml	Samenöl
2 EL	Mehl
etwas	Salz

---

20 Minuten
Bohnen: 12 Stunden
1 Stunde
niedrig
vegetarisches Rezept

„Erdäpfelblattln" nach Oma Imma

Wenn die Oma diese Erdäpfelblattln auf den Tisch stellt, ist es zugleich das Startsignal für den Wer-kann-mehr-da-von-essen-Wettkampf. Und natürlich braucht man an dem Tag kein Abendessen mehr ... und vielleicht auch noch kein Mittagessen am nächsten Tag.

FÜR DEN KARTOFFELTEIG

❶ Kartoffeln waschen und schälen, je nach Größe in 3–4 Stücke schneiden und über Dampf weich kochen (im Schnellkochtopf ca. 6 Minuten, im gewöhnlichen Topf ca. 15 Minuten). ❷ Anschließend durch die Kartoffelpresse auf die Arbeitsfläche pressen und auskühlen lassen.

FÜR DIE FÜLLUNG

❶ Karotte, Sellerie und Petersilie waschen, grob schneiden und in einen Standmixer geben. ❷ Zwiebel, Knoblauch und Ei dazugeben und alles fein mixen. ❸ Das Hackfleisch in eine Schüssel geben, das Gemüse dazugeben, salzen, pfeffern und alles gut vermischen. ❹ Sobald die Kartoffeln kalt sind, salzen, einen Teil vom Mehl hinzufügen und verkneten. ❺ Unter Zugabe von weiterem Mehl einen glatten und weichen, aber nicht klebrigen Teig kneten. ❻ Eine Hälfte vom Teig auf einer leicht bemehlten Arbeitsfläche zu einem Rechteck ausrollen, dabei den Teig ca. 5 mm dick lassen. ❼ Die Hälfte der Fleischfüllung darauf verstreichen und vorsichtig aufrollen. ❽ Mit dem restlichen Teig und der restlichen Füllung gleich verfahren. ❾ In einer Bratpfanne ca. 2 cm hoch Öl erhitzen. ❿ Die Kartoffelrollen in ca. 1 cm dicke Scheiben schneiden, auf die Arbeitsfläche legen und mit dem Messer oder den Händen leicht flach drücken.

→

Für 4 Personen

FÜR DEN KARTOFFELTEIG
1 kg   mehlige Kartoffeln
90 g   Mehl 00
etwas   Salz

FÜR DIE FÜLLUNG
500 g   gemischtes Hackfleisch
1   Karotte
½   Stangensellerie
3–4   Stängel Petersilie
½   Zwiebel
1   Knoblauchzehe
1   Ei
etwas   Salz
etwas   Pfeffer

AUSSERDEM
etwas   Frittieröl

🔪 **40 Minuten**
🍳 **25 Minuten**
🍲 **mittel**

⓫ Eventuell das Messer mit etwas Mehl bestäuben, damit es nicht kleben bleibt, aber nicht zu viel Mehl verwenden, sonst schwimmt es anschließend im Öl und verbrennt leicht. **⓬** Die Erdäpflblattln nacheinander im heißen Öl ca. 4 Minuten auf beiden Seiten goldgelb backen. **⓭** Aus der Pfanne nehmen, kurz auf Küchenpapier abtropfen lassen und servieren.

TIPP

Die Kartoffeln kann man auch im Wasser anstatt über Dampf kochen. In diesem Fall empfehle ich, sie nicht zu schälen, damit sie während des Kochens nicht zu viel Wasser aufnehmen. Die Erdäpfelblattln schmecken auch kalt gut.

Gefüllte und panierte Schinkenröllchen nach Mama

Für 4 Personen

FÜR DIE SCHINKENRÖLLCHEN

8	Scheiben Kochschinken
8	Scheiben würziger Käse (z. B. Alta Badia von Mila)

FÜR DIE PANADE

2 EL	Mehl
1	Ei
4 EL	Semmelbrösel
etwas	Salz
etwas	Frittieröl

- 20 Minuten
- 3–4 Minuten
- niedrig

Paniert schmeckt auch eine Schuhsohle gut. So heißt es zumindest. Dann gibt es Zutaten, die gar nicht erst frittiert werden müssen, um zu schmecken, aber mit dieser knusprigen, goldgelben Kruste sind sie halt nochmal so lecker. Meine Mama bereitet diese Schinkenröllchen seit jeher zu und sie verschwinden jedes Mal im Nu, sobald sie auf den Tisch kommen. Ein leckeres und einfaches Gericht, das auch in letzter Minute zubereitet werden kann.

FÜR DIE SCHINKENRÖLLCHEN
❶ Schinkenscheiben nebeneinander ausbreiten, auf jede eine Scheibe Käse legen und aufrollen.

FÜR DIE PANADE
❷ Drei Teller vorbereiten, einen mit Mehl, einen mit dem Ei, das man mit einer Gabel verquirlt, und einen mit den Semmelbröseln. ❸ Die Schinkenröllchen nacheinander im Mehl, dann im Ei und zum Schluss in den Semmelbröseln wälzen. ❹ Letztere leicht andrücken, damit sie gut haften bleiben. ❺ Eine Bratpfanne ca. 2–3 cm hoch mit Öl füllen, und sobald dieses heiß ist, die Schinkenröllchen darin ca. 3 Minuten auf beiden Seiten goldgelb frittieren.
❻ Aus der Pfanne nehmen, kurz zum Abtropfen auf Küchenpapier legen und servieren.

TIPP
Falls das Ei knapp werden sollte, aber man nicht ein zweites aufschlagen möchte, einfach 2 Esslöffel Sahne oder Milch dazugeben und verrühren.

Mamas Lendenschnitzel vom Schwein alla Pizzaiola

Für 4 Personen

8	Scheiben Schweinelende
2	Knoblauchzehen
etwas	Samenöl
etwas	Salz
etwas	Pfeffer
400 g	geschälte Tomaten aus der Dose
80 g	geriebener Parmesankäse

🍳 **15 Minuten**

🍲 **25 Minuten**

🍳 **niedrig**

So einfach, so gut. Wer Fleisch mit Soße mag, liebt diese Schnitzel bestimmt. Würzig und saftig, gekrönt von einer Haube geschmolzenem Parmesankäse. Meine Mama serviert dazu meist Reis oder Kartoffelpüree.

❶ Falls die Schnitzel zu dick sind, einfach etwas klopfen, bis sie nur mehr eine Dicke von ca. 5 mm haben. ❷ Knoblauch schälen, hacken und beiseitestellen. ❸ In einer Pfanne etwas Öl erhitzen. Die Schnitzel dazugeben, auf jeder Seite einige Minuten anbraten, salzen und pfeffern. ❹ Den gehackten Knoblauch hinzufügen und auf jedes Schnitzel eine geschälte Tomate legen, die restliche Tomatensoße aus der Dose auch eingießen. ❺ Bei schwacher Hitze ca. 15 Minuten lang zugedeckt kochen lassen. ❻ Anschließend auf jedem Schnitzel einen Esslöffel geriebenen Parmesankäse verteilen und weitere 5 Minuten zugedeckt köcheln lassen, damit dieser schmilzt.

TIPP
Anstatt Parmesankäse kann man auch Mozzarellascheiben oder würzige Käsewürfel verwenden.

Senfschnitzel nach Oma Imma

Vielleicht sieht es nicht nach einem typischen Oma-Rezept aus, denn es ist kein Gericht, das mit „armen" Zutaten bzw. Zutaten, die man nicht mehr so leicht findet, zubereitet wird. Aber ich kann euch versichern, diese Schnitzel sind genial!

❶ Schnitzel putzen, von den Fasern befreien und klopfen, damit sie gleichmäßig dick sind. ❷ 4 Esslöffel Öl in einer Bratpfanne erhitzen und die Truthahnschnitzel darin etwa 2 Minuten je Seite anbraten. Salzen, pfeffern und auf einen Teller legen. ❸ Senf und Cognac in dieselbe Pfanne geben und umrühren. ❹ Die Sahne dazugießen und verrühren, bis eine sämige Soße entstanden ist. ❺ Salzen, pfeffern und ein paar Minuten kochen lassen, bis sie etwas eindickt. Falls die Soße zu dick ist, eventuell mit etwas Wasser strecken. ❻ Die Schnitzel in die Soße legen, wenige Minuten darin erwärmen und servieren.

TIPP
Falls Kinder mitessen, kann man den Cognac auch einfach weglassen.

Für 4 Personen

4	Truthahnschnitzel
4 EL	Samenöl
etwas	Salz
etwas	Pfeffer
2 EL	Senf
2 EL	Cognac
350 ml	Sahne

 10 Minuten
 15 Minuten
🍳 niedrig

Kalbfleischlaibchen mit Zitrone

Cremig und edel im Geschmack präsentieren sich diese Kalbfleischlaibchen. Ein Rezept, das ich von meiner Schwiegermutter bekommen habe, aber etwas angepasst habe. Sie gart diese Laibchen ganz langsam über Dampf, so werden sie noch edler, ich habe das Rezept vereinfacht und schneller gemacht. Das Geschmackserlebnis bleibt aber auf jeden Fall erhalten!

❶ Das Fleisch in eine Schüssel geben. ❷ Die Schalotte schälen und zusammen mit ca. 20 Rosmarinnadeln fein hacken. ❸ Zitrone waschen und trocknen, die halbe Schale abreiben und zusammen mit Schalotte und Rosmarin zum Fleisch geben. ❹ Ei, Semmelbrösel, Salz und Pfeffer dazugeben und alles mit einem Löffel oder den Händen gut vermischen. ❺ Den Käse in kleine Würfel schneiden, zum Fleisch geben und untermengen. ❻ Mit nassen Händen ca. 12 Laibchen formen, im Mehl wälzen und auf einen Teller legen. ❼ 5 Esslöffel Öl in einer Pfanne erhitzen, die Laibchen in die Pfanne legen, auf allen Seiten langsam anbraten und dann mit dem Saft einer halben Zitrone ablöschen.
❽ 200 ml Wasser dazugießen und die Laibchen ca. 25 Minuten zugedeckt köcheln lassen, dabei ab und zu wenden.
❾ Die Laibchen aus der Pfanne nehmen, die Soße in ein hohes Gefäß leeren und mit dem Stabmixer pürieren.
❿ Soße und Laibchen wieder in die Pfanne geben, einige Minuten erwärmen und mit etwas Zitronenschale und Rosmarin dekoriert servieren.

TIPP
Wer keinen Rosmarin hat, nimmt ersatzweise gehackte Petersilie.

Für 12 Laibchen

400 g	Hackfleisch vom Kalb (Schulter)
1	Schalotte
3	Zweige Rosmarin
1	Bio-Zitrone (Schale und Saft)
1	Ei
20 g	Semmelbrösel
etwas	Salz
etwas	Pfeffer
100 g	milder Käse
etwas	Mehl
5 EL	Samenöl
200 ml	Wasser

 20 Minuten
 25 Minuten
 niedrig

Sauerbraten nach Oma Imma

❶ Karotte und Zwiebel schälen und grob schneiden.
❷ Das Fleisch in einen großen Behälter geben und mit Wein,
Essig und Wasser übergießen. ❸ Karotte, Zwiebel, Sellerie
und Lorbeerblätter dazugeben. ❹ Mit einem Deckel luftdicht
verschließen und für 48 Stunden im Kühlschrank marinieren,
eventuell ab und zu umdrehen, falls nicht das ganze Fleisch
mit Marinade bedeckt ist. ❺ Nach der Marinierzeit das
Fleisch abtropfen lassen und dabei die Marinade auffangen.
❻ In einer großen Bratpfanne etwas Öl erhitzen und das
Fleisch darin auf allen Seiten gut anbraten, ca. 15 Minuten
lang. ❼ Das Gemüse und einen Teil der Marinade dazugeben, salzen und bei schwacher Hitze zugedeckt ca. 2 Stunden köcheln lassen. ❽ Dabei den Braten ab und zu wenden
und eventuell noch Marinade dazugießen. ❾ Wenn der
Braten gar ist, die Lorbeerblätter entfernen, das Fleisch aus
der Pfanne nehmen, beiseitestellen und die Soße sowie
das Gemüse in einen hohen Behälter füllen. ❿ Mit dem
Stabmixer pürieren und zurück in die Pfanne geben. Flüssige
Sahne untermengen, eventuell nachsalzen und pfeffern.
⓫ Einen Esslöffel Mehl mit etwas Wasser verrühren, bis eine
geschmeidige und dickflüssige Masse entsteht, dann eine
Kelle Soße dazugeben, gut verrühren und der restlichen
Soße in der Pfanne hinzufügen. ⓬ Unter Rühren nochmals
aufkochen lassen. Falls die Soße noch zu flüssig ist, eventuell
nochmals mit Mehl binden. ⓭ Den Braten zurück in die Soße
legen, einige Minuten erwärmen, dann herausnehmen, in
Scheiben schneiden und mit der Soße servieren.

Für 4 Personen

1	große Karotte
1	Zwiebel
1 kg	Bratenfleisch vom Rind
330 ml	Rotwein
330 ml	Rotweinessig
330 ml	Wasser
1 Stück	Stangensellerie
5	Blätter Lorbeer
etwas	Samenöl
etwas	Salz
etwas	Pfeffer
300 ml	Sahne
1 EL	Mehl

 35 Minuten
 48 Stunden
 2 Stunden und 20 Minuten
 mittel

 AUS MEINEM NOTIZBUCH
Eine würzige Hauptspeise,
die meine Oma immer zubereitet.
Lies weiter auf Seite 254.

Panierte Lammkoteletts nach Gianna

Für 4 Personen

FÜR DIE KOTELETTS

2	Zitronen (Saft)
400 ml	Wasser
8	Lammkoteletts

FÜR DIE PANADE

2 EL	Mehl
1	Eiweiß
4–5 EL	Semmelbrösel
1	Zweig Rosmarin, gehackt
4	Blätter Salbei, gehackt
4	Stängel Petersilie, gehackt

AUSSERDEM

etwas	Frittieröl
etwas	Salz zum Servieren

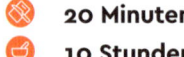 **20 Minuten**

 **10 Stunden**

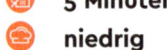 **5 Minuten**

niedrig

 AUS MEINEM NOTIZBUCH

Dieses Rezept habe ich von Gianna bekommen.

Lies weiter auf Seite 254.

FÜR DIE KOTELETTS

❶ Saft von 2 Zitronen auspressen und in einen ausreichend großen, luftdichten Behälter geben. ❷ 200 ml Wasser unterrühren und die Lammkoteletts in die Marinade legen. Noch etwas Wasser nachfüllen, damit die Koteletts vollständig bedeckt sind. ❸ Luftdicht verschließen und eine Nacht bzw. 10 Stunden im Kühlschrank marinieren. ❹ Anschließend die Lammkoteletts herausnehmen und mit Küchenpapier trocken tupfen.

FÜR DIE PANADE

❶ Drei Teller bereitstellen. In den ersten das Mehl, in den zweiten das Eiweiß geben und mit der Gabel verquirlen und im dritten die Semmelbrösel mit den gewaschenen und gehackten Kräutern vermischen. ❷ Die Lammkoteletts zuerst im Mehl wenden, dann durch das Eiweiß ziehen und abschließend noch in den Kräuter-Bröseln wälzen, dabei die Brösel etwas andrücken. ❸ In einer Bratpfanne ca. 2 cm hoch Öl erhitzen, sobald das Öl 175 °C erreicht hat, die Lammkoteletts einlegen und auf beiden Seiten einige Minuten goldgelb frittieren. ❹ Herausnehmen und auf Küchenpapier kurz abtropfen lassen. ❺ Sofort servieren, eventuell mit einer Prise Salz würzen.

TIPPS

● Ich finde, Zitrone und Kräuterbröseln geben den Lammkoteletts auch ohne Salz genug Würze.

● Wer kein Küchenthermometer hat, steckt den Stiel eines hölzernen Kochlöffels ins Öl. Sobald rings um den Stiel kleine Bläschen hochsteigen, ist das Öl heiß genug.

● Ich verwende gerne nur Eiweiß zum Panieren, da die Panade so weniger nach Ei schmeckt.

Gefüllte Forellen mit Polentakruste

Für 4 Personen

4	frische Forellen
50 g	Petersilie
4	Knoblauchzehen
2 EL	Olivenöl
2 EL	Weizenmehl 00
4 EL	Polentamehl
etwas	Salz

AUSSERDEM

ca. 50	Lorbeerblätter
75 ml	Samenöl
50 g	Butter
etwas	Zitrone zum Servieren

20 Minuten

15 Minuten

mittel

AUS MEINEM NOTIZBUCH

Es gibt einen wichtigen Rat zu diesem Rezept. Lies weiter auf Seite 254.

❶ Falls es nicht schon euer Fischhändler erledigt hat, die Forellen abschuppen und putzen, dabei Kopf und Schwanz intakt lassen. ❷ Kurz abbrausen, vorsichtig mit Küchenpapier trocken tupfen und beiseitestellen. ❸ Petersilie waschen, trocken schütteln und mit dem geschälten Knoblauch fein hacken. ❹ In einer kleinen Schüssel Petersilie und Knoblauch mit 1–2 Esslöffeln Öl und Salz mischen, die Forelle damit füllen. ❺ Weizen- und Polentamehl in einer Auflaufform vermischen. ❻ Die Forellen einzeln in die Mehlmischung legen und leicht andrücken, damit diese auf der gesamten Oberfläche haften bleibt. ❼ Die Lorbeerblätter waschen, trocknen und den gesamten Boden einer großen Pfanne damit auslegen. ❽ Das Öl langsam eingießen, die Butter drauflegen und alles erhitzen, bis die Butter flüssig ist und zu brutzeln beginnt. ❾ Nun die Forellen vorsichtig auf das Lorbeerbett legen und bei mittlerer Hitze ohne Deckel ca. 8 Minuten gut anbraten. ❿ Anschließend die Forellen mithilfe eines Pfannenwenders vorsichtig etwas anheben und prüfen, ob sich eine Kruste gebildet hat. ⓫ Wenn ja, die Forellen vorsichtig wenden und auf der anderen Seite ca. 8 Minuten fertig braten. ⓬ Falls die Lorbeerblätter verrutscht sind, eventuell nochmals schön anordnen, damit die Forellen nicht mit der Pfanne in Berührung kommen und eventuell daran haften bleiben. ⓭ Sobald die Forellen gar sind, aus der Pfanne nehmen, einige Sekunden auf Küchenpapier abtropfen lassen und sofort servieren.

TIPP

Die Lorbeerblätter dienen nicht nur als Schutz gegen das Ankleben, sondern sie verleihen auch noch ein herrliches Aroma.

SÜSSES

Pignolischnitten nach Mama

Für ein Backblech (20 × 30 cm)

FÜR DEN BODEN

1	Bio-Zitrone (Schale)
100 g	Zucker
140 g	weiche Butter
1 EL	Vanillezucker
1	Ei (Raumtemperatur)
3	Eigelb
100 g	Mehl
50 g	Kartoffelstärke
2 TL	Backpulver
1 Prise	Salz
1 EL	Rum

FÜR DIE BAISERHAUBE

3	Eiweiß
150 g	Zucker
60 g	Pignoli

🍳 **25 Minuten**
🍰 **25 Minuten**
👨‍🍳 **mittel**

Eine zart schmelzende Baiserhaube mit Knuspereffekt sorgt für Kuchengenuss pur. Es gibt nur eine negative Seite dabei: Jedes Stück verlangt nach mehr und so ist das Blech immer wieder viel zu schnell leer.

FÜR DEN BODEN

❶ Backofen auf 175 °C (Ober-/Unterhitze) vorheizen.
❷ Zitrone waschen und trocken tupfen, Schale abreiben und mit dem Zucker vermischen. ❸ Butter mit Zucker und Vanillezucker in einer Schüssel schaumig schlagen.
❹ Dann das Ei dazugeben und nacheinander die Eigelbe.
❺ Mehl mit Stärke, Backpulver und Salz vermischen und auf die Butter-Ei-Mischung sieben. Rum hinzufügen und alles zu einem glatten Teig verrühren. ❻ Den Teig auf das mit Backpapier ausgelegte oder gebutterte und bemehlte Blech streichen.

FÜR DIE BAISERHAUBE

❶ Eiweiß steif schlagen und dabei den Zucker langsam einrieseln lassen. ❷ Baisermasse auf den Teigboden streichen, Pignoli darüberstreuen und bei 175 °C 25 Minuten lang backen (Stäbchenprobe). ❸ Auskühlen lassen und servieren.

TIPP
Wie für die meisten Kuchen und Torten sollten Butter und Eier Raumtemperatur haben, damit der Teig einwandfrei gelingt.

Donauwellen mit Pfirsichen

Donauwellen, ach, welch ein romantischer Name für diesen unglaublich himmlischen Kuchen. Wie es scheint, gibt es eigentlich keine direkte Verbindung zur Donau, aber irgendwie erinnert der Anblick vom Anschnitt ja doch an Wellen, oder? Meine Mama backt ihn immer mit Kirschen, ich verwende auch gerne mal Pfirsiche dafür.

FÜR DEN BODEN
❶ Backofen auf 170 °C (Ober-/Unterhitze) vorheizen.
❷ Butter und Zucker in einer Schüssel schaumig schlagen. Eier nacheinander unterrühren. ❸ Sobald eine homogene Masse entstanden ist, Mehl mit Backpulver vermischen, auf die Butter-Ei-Mischung sieben und unterrühren.
❹ Die Hälfte vom Teig auf das mit Backpapier ausgelegte oder gebutterte und bemehlte Blech streichen.
❺ Der anderen Hälfte noch Kakaopulver und Milch beimengen und gut verrühren. ❻ Dann die Kakaomasse auf den weißen Teig streichen. ❼ Pfirsiche waschen, schälen, entsteinen und in kleine Würfel schneiden. ❽ Auf der gesamten Teigfläche verteilen und bei 170 °C 15–20 Minuten backen (Stäbchenprobe). Auskühlen lassen.

FÜR CREME UND GLASUR
❶ In der Zwischenzeit die Creme vorbereiten. 3 Esslöffel Milch mit Stärke und 2 Esslöffeln Zucker verrühren.
❷ Die restliche Milch zusammen mit Vanilleextrakt und Zucker aufkochen. ❸ Sobald die Milch kocht, unter Rühren die Milch-Stärke-Mischung langsam eingießen und einige Minuten bei schwacher Hitze und unter Rühren weiterkochen, bis die Masse eindickt.

→

Für ein Backblech (20 × 30 cm)

FÜR DEN BODEN
200 g	weiche Butter
200 g	Zucker
5	Eier (Raumtemperatur)
300 g	Mehl
2 TL	Backpulver
3 EL	Kakaopulver (ungesüßt)
2–3 EL	Milch
600 g	Pfirsiche

FÜR CREME UND GLASUR
500 ml	Milch
35 g	Maisstärke
80 g	Zucker
1 EL	Vanilleextrakt
250 g	Butter
250 g	Zartbitterschokolade
2 EL	Samenöl

 50 Minuten
 20 Minuten
 mittel

❹ Vom Herd ziehen, die Butter in Stücke schneiden, dazugeben und alles gut verrühren, bis die Butter zerlassen ist. ❺ Die Creme auf den erkalteten Teigboden streichen und auskühlen lassen. ❻ Abschließend noch die Schokolade mit dem Öl über Wasserbad schmelzen und auf die erkaltete Creme streichen. Auskühlen lassen, in Stücke schneiden und servieren.

TIPP

Das Originalrezept wird mit Kirschen anstatt Pfirsichen zubereitet. Aber die Donauwellen schmecken auch mit Rhabarber oder Mango sehr gut.

Torta putana
mit Äpfeln und Rosinen

❶ Semmelwürfel mit der lauwarmen Milch übergießen und 1 Stunde ziehen lassen. ❷ Inzwischen die Rosinen im Grappa einweichen. ❸ Anschließend dem Brot die Eier, Salz und Zucker beimengen. ❹ Alles gut vermischen und beiseitestellen. ❺ Äpfel waschen, schälen, Kerngehäuse entfernen und in kleine Würfel schneiden. ❻ Dem Brot beimengen. Rosinen, Grappa, Zitronensaft, Mehl und Backpulver dazugeben und alles gut vermischen.
❼ Das Blech mit etwas zerlassener Butter einfetten und die Brotmischung darauf verteilen, mit nassen Händen ausbreiten und flachdrücken. ❽ Bei 180 °C 45 Minuten goldgelb backen. ❾ Aus dem Ofen nehmen und sofort mit Zucker bestreuen. ❿ Auskühlen lassen, in Stücke schneiden und servieren.

TIPP
Wer will, kann auch Nüsse untermischen oder die Äpfel durch Birnen ersetzen.

Für ein Backblech (ca. 40 × 30 cm)

500 g	altbackene Semmeln, in Würfel geschnitten
600 ml	lauwarme Milch
120 g	Rosinen
60 ml	Grappa
5	Eier
½ TL	Salz
160 g	Zucker
5	Äpfel
½	Zitrone (Saft)
4 EL	Mehl
2 TL	Backpulver
etwas	Butter
etwas	Zucker zum Dekorieren

⊘ 20 Minuten
⧗ 1 Stunde
⊞ 45 Minuten
⌒ niedrig

 AUS MEINEM NOTIZBUCH
Putana oder Puttana? In Vicenza schreibt man das Wort nur mit einem t. Lies weiter auf Seite 254.

Süße Polenta-Laibchen nach Nonna Amelia

❶ Rosinen im Grappa einweichen. ❷ 1 Liter Wasser in einem größeren Topf zum Kochen bringen, salzen und unter Rühren das Polentamehl einrieseln lassen. ❸ Bei schwacher Hitze ca. 10 Minuten köcheln lassen. Vom Herd ziehen und auskühlen lassen. ❹ Sobald die Polenta abgekühlt ist, Rosinen, Grappa, Zucker, Zitronenschale, Ei, Mehl und Backpulver untermischen. ❺ Falls die Mischung zu weich ist, eventuell noch etwas Mehl dazugeben. Falls ihr unsicher seid, einfach ein Probelaibchen frittieren, wenn es zerfällt, noch etwas Mehl dazumischen, sonst passt der Teig. ❻ Ausreichend Öl in einem Topf erhitzen, und sobald dieses 175 °C erreicht hat, mit einem Teelöffel kleine Nocken vom Polenta-Teig abstechen und mithilfe des Fingers ins Öl gleiten lassen. ❼ Nicht zu viele Laibchen auf einmal ca. 5–6 Minuten goldgelb backen. So fortfahren, bis der Teig aufgebraucht ist. Die Laibchen nach dem Backen kurz auf Küchenpapier abtropfen lassen. ❽ Im Zucker wälzen und warm oder kalt servieren.

TIPP

Wie die meisten frittierten Speisen, schmecken auch diese Laibchen frisch gebacken am besten. Falls welche übrig bleiben, könnt ihr sie am nächsten Tag einfach kurz in der Mikrowelle erwärmen und sie werden fast wieder wie frisch.

Für ca. 50 Laibchen

150 g	Rosinen
4 EL	Grappa
1 l	Wasser
1 Prise	Salz
200 g	Polentamehl für Instant-Polenta
1 EL	Zucker
1	Bio-Zitrone (Schale)
1	Ei
2 EL	Mehl
1 TL	Backpulver
etwas	Frittieröl
etwas	Zucker zum Wälzen

 40 Minuten

 20 Minuten

niedrig

AUS MEINEM NOTIZBUCH
Nonna Amelia ist die Mutter meiner Schwiegermutter.

Lies weiter auf Seite 255.

WENN ES MAL AUFWENDIGER SEIN KANN

Bärlauchknödel
mit Rucola und Spargeln

Für 15 Knödel

FÜR DIE KNÖDEL

300 g	altbackene Semmeln
200 g	grüne Spargel
3 EL	Samenöl
160 g	Rucola
100 g	Bärlauch
300 ml	Milch
2	Eier
etwas	Salz
1 Prise	Muskatnuss

ZUM ANRICHTEN

100 g	geriebener Parmesankäse
40 g	Butter

- 30 Minuten
- 30 Minuten
- 15 Minuten
- mittel
- **vegetarisches Rezept**

AUS MEINEM NOTIZBUCH

Ich koche recht oft Knödel.

Lies weiter auf Seite 255.

❶ Semmeln in ca. 1 cm große Würfel schneiden und in eine Schüssel geben. ❷ Spargel waschen, holzige Enden abschneiden und in ca. 5 mm große Stücke schneiden. ❸ Öl in einer Pfanne erhitzen und die Spargelstücke darin bei starker Hitze einige Minuten anbraten. Zum Brot geben und untermischen. ❹ Rucola und Bärlauch waschen und trocken schütteln, grob schneiden und in einen hohen Behälter füllen. ❺ Milch, Eier, Salz und eine Prise Muskatnuss dazugeben. Alles mit dem Stabmixer pürieren.

❻ Die Milchmischung über das Brot gießen und alles gut durchmischen. Man kann dies auch direkt mit den Händen machen. ❼ Zugedeckt ca. 30 Minuten ruhen lassen.

❽ Nach der Ruhezeit ausreichend Wasser in einem großen Topf zum Kochen bringen und salzen. ❾ Mit nassen Händen Knödel formen (ca. 4 cm Durchmesser) und auf eine leicht bemehlte Oberfläche legen. ❿ Sobald alle Knödel fertig sind, diese ins kochende Wasser einlegen. ⓫ Nochmals kurz aufkochen, dann die Hitze zurückdrehen und die Knödel zugedeckt ca. 12 Minuten lang köcheln lassen. ⓬ Knödel aus dem Wasser nehmen und auf einen Servierteller legen.

⓭ Butter zerlassen und die Knödel mit geriebenem Parmesankäse und der flüssigen Butter anrichten.

TIPPS

● Falls ihr mit Knödeln noch nicht so geübt seid, einfach einen Probeknödel kochen. Falls er zerfallen sollte, noch einen Esslöffel Mehl untermischen und dann die restlichen Knödel formen.

● Knödel kann man ganz hervorragend im Dampf garen (einfach mit einem Dampfrost und einem gut schließenden Deckel).

● Knödel kann man auch einfrieren. Einfach roh einfrieren und noch gefroren ins kochende Salzwasser geben.

WENN ES MAL AUFWENDIGER SEIN KANN

Weiße Lasagne mit Hackfleisch und Kochschinken

Für 4 Personen

FÜR DIE HACKFLEISCHSOSSE

2	Karotten
1	Schalotte
1	Knoblauchzehe
½	Stangensellerie
etwas	Samenöl
400 g	gemischtes Hackfleisch
etwas	Salz
etwas	Pfeffer
100 ml	Weißwein

AUSSERDEM

250 g	Mozzarella
12	frische Lasagneblätter
1,5 l	Béchamelsoße (Rezept auf Seite 85)
200 g	Kochschinken
etwas	geriebener Parmesankäse

 40 Minuten

1 Stunde

mittel

Viel saftiges Hackfleisch und Béchamelsoße sorgen dafür, dass bei dieser weißen Lasagne garantiert niemand die Tomatensoße vermisst. Das Gericht ist für Festtagsmenüs bestens geeignet, da man es gut im Voraus zubereiten kann. Während der Backofen seine Pflicht tut, kann man in aller Ruhe zusammen mit den Gästen einen Aperitif genießen, anstatt am Herd zu stehen.

FÜR DIE HACKFLEISCHSOSSE

❶ Karotten waschen, grob schneiden und in einen Standmixer geben. ❷ Schalotte und Knoblauch schälen, grob zerkleinern und in den Mixer geben. Stangensellerie hinzufügen und alles fein mixen. ❸ Einige Esslöffel Öl in einem Topf erhitzen und das Gemüse darin bei starker Hitze und unter ständigem Rühren einige Minuten lang anbraten. ❹ Das Hackfleisch hinzufügen, ebenfalls unter Rühren anbraten. Salzen und pfeffern. ❺ Anschließend mit Weißwein ablöschen und verdunsten lassen. ❻ Zugedeckt bei schwacher Hitze etwa 20 Minuten weiterkochen. Gelegentlich umrühren und, falls nötig, etwas Wasser dazugeben.

FERTIGSTELLUNG

❶ Mozzarella in Würfel schneiden. Backofen auf 180 °C (Umluft) vorheizen. ❷ Auf dem Boden einer großen Ofenform etwas Béchamelsoße verteilen. ❸ Eine Schicht Lasagneblätter drauflegen, dann einige Esslöffel Hackfleischsoße, einige Scheiben Schinken, nochmals Béchamelsoße und dann Mozzarella. ❹ Weiterschichten, bis alle Zutaten aufgebraucht sind. ❺ Die Lasagne mit einer Gabel mehrmals einstechen.

→

❻ Mit Alufolie abdecken und bei 180 °C ca. 20–25 Minuten backen. ❼ Anschließend die Alufolie entfernen, die Lasagne mit geriebenem Parmesankäse bestreuen und nochmals 10 Minuten in den Ofen schieben, die letzten beiden Minuten eventuell die Grillfunktion einschalten. ❽ Aus dem Ofen nehmen und vor dem Servieren ca. 10 Minuten ruhen lassen.

TIPP
Die Lasagne kann man gut auch am Vortag zubereiten und noch roh in den Kühlschrank stellen. Am nächsten Tag dann einfach in den Ofen schieben.

Panierte Melanzane-Röllchen mit Speck

Für 4 Personen

FÜR DIE MELANZANE-RÖLLCHEN

1	mittlere Melanzana
etwas	grobes Salz
12	Scheiben Speck
250 g	Mozzarella

FÜR DIE PANADE

3–4 EL	Mehl
5–6 EL	Semmelbrösel
1	Ei
1 EL	Tomatenmark (dreifach konzentriert)
etwas	Olivenöl

- 25 Minuten
- 1 Stunde
- 25 Minuten
- niedrig

Ich bin Südtirolerin, also kommt bei mir Speck so ziemlich überall rein, eigentlich kein Wunder, da er ja so lecker schmeckt. Diese Melanzane-Röllchen könnte man zum Beispiel auch mit Schinken zubereiten, aber was ist schon eine Scheibe Schinken gegen eine Scheibe würzigen, leicht geräucherten Speck?

❶ Melanzana waschen und der Länge nach in ca. 5 mm dicke Scheiben schneiden. ❷ Die einzelnen Scheiben mit grobem Salz bestreuen, übereinander in ein Sieb geben und mit einem Teller beschweren, damit die austretende Flüssigkeit abtropfen kann. ❸ Die Melanzane-Scheiben ca. 1 Stunde oder auch etwas länger abtropfen lassen. ❹ In der Zwischenzeit den Mozzarella in Würfel schneiden. ❺ Sobald die Melanzane-Scheiben fertig abgetropft sind, drei tiefe Teller bereitstellen. ❻ Einen Teller mit dem Mehl füllen, einen mit den Semmelbröseln und den dritten mit Ei und Tomatenmark, die mit einer Gabel verquirlt werden. ❼ Backofen auf 200 °C (Umluft) vorheizen. ❽ Das Salz von den Melanzane-Scheiben abschütteln und diese nebeneinander auf die Arbeitsfläche legen. ❾ Auf jede Melanzanacheibe eine Scheibe Speck und etwas Mozzarella legen. ❿ Aufrollen und einzeln im Mehl wenden, dann im verquirlten Ei und zum Schluss in den Semmelbröseln. Diese leicht andrücken, damit sie haften bleiben. ⓫ Röllchen in eine gefettete Auflaufform legen, mit etwas Olivenöl beträufeln und bei 200 °C 25 Minuten goldgelb backen. ⓬ Aus dem Ofen nehmen und mit etwas Petersilie garniert servieren.

TIPPS

● Wer möchte, kann auch etwas Oregano zur Füllung geben.
● Wer es lieber milder mag, ersetzt den Speck durch Schinken.

Süßkartoffeln mit Garnelen und Spargeln

Als ich klein war, kaufte meine Mama manchmal Süßkartoffeln und stellte sie ins Wasser, damit sie dann mit ihren schönen grünen Trieben und Blättern unsere Küche schmückten. Dann bin ich größer geworden und habe bemerkt, dass ihre Blätter sehr wohl schön zum Anschauen sind, aber als Gericht serviert sind Süßkartoffeln noch besser.

FÜR KARTOFFELN UND FÜLLUNG

❶ Backofen auf 200 °C (Umluft) vorheizen. ❷ Kartoffeln gut waschen, mit einer Gabel mehrmals einstechen und auf ein mit Backpapier ausgelegtes Blech legen. ❸ Bei 200 °C ca. 1 Stunde backen, bis sie sehr weich sind. ❹ In der Zwischenzeit ausreichend Wasser in einem großen Topf zum Kochen bringen. ❺ Spargelspitzen waschen und eventuell das trockene Ende entfernen. ❻ Butter, Zucker und Salz ins Kochwasser geben und die Spargeln darin, je nach Dicke, 5–8 Minuten kochen lassen. ❼ Zum Probieren einen Spargel mit der Gabel einstechen, sie sollen weich sein, aber noch bissfest. Abseihen und beiseitestellen. ❽ Garnelen schälen, Rücken einschneiden und Darm entfernen. Kurz unter fließendem Wasser abbrausen und trocken tupfen. ❾ In einer Schüssel mit Zitronensaft vermischen und beiseitestellen.

FÜR DIE KRÄUTERSOSSE

❶ Joghurt, Senf, gehackten Schnittlauch, gehackte Petersilie, Salz und Pfeffer in einer Schüssel verrühren und beiseitestellen.

→

Für 4 Personen

FÜR KARTOFFELN UND FÜLLUNG

4	Süßkartoffeln
350 g	grüne Spargelspitzen
1 TL	Butter
1 TL	Zucker
etwas	Salz
12	Garnelen
1	Zitrone (Saft)
etwas	Olivenöl
1	Knoblauchzehe

FÜR DIE SOSSE

6 EL	Magerjoghurt
1 TL	Senf
1 EL	gehackter Schnittlauch
1 EL	gehackte Petersilie
etwas	Salz
etwas	Pfeffer

 25 Minuten
 1 Stunde
 niedrig

FERTIGSTELLUNG

❷ Fünf Minuten vor Ende der Garzeit der Kartoffeln den Spargel mit aufs Blech legen und mit etwas Olivenöl beträufeln. ❸ In einer Pfanne etwas Öl mit der geschälten und leicht zerdrückten Knoblauchzehe erhitzen und die Garnelen darin kurz auf beiden Seiten anbraten, ca. 40 Sekunden pro Seite, salzen. ❹ Kartoffeln aus dem Ofen nehmen, die Schale auf der oberen Seite mit einem Messer einschneiden und an beiden Enden leicht eindrücken, damit sich die Kartoffeln etwas öffnen. ❺ Das Innere der Kartoffeln mit einer Gabel leicht zerdrücken. ❻ Die Kartoffeln mit 1–2 Esslöffeln Kräutersoße, einigen Spargeln und den Garnelen füllen. ❼ Sofort servieren und dazu die übrige Kräutersoße reichen.

TIPPS

● Anstelle der Garnelen kann man auch Lachs verwenden.
● Idealerweise werden die Spargel in einem Spargelkochtopf gekocht. Das ist ein schmaler, hoher Topf, in dem die Spargel aufrecht stehend gekocht werden können.

Wirsingstrudel mit Schinken und Currysoße

FÜR DEN STRUDEL

❶ Ausreichend Wasser in einem großen Topf zum Kochen bringen. ❷ Blätter vom Wirsing abnehmen, waschen und den Strunk vorsichtig herausschneiden. ❸ Blätter im kochenden Wasser ca. 5–6 Minuten blanchieren. ❹ Zwiebel und Knoblauch schälen, fein hacken und in einer Bratpfanne mit etwas Olivenöl anschwitzen. ❺ Wirsingblätter leicht ausdrücken, in Streifen schneiden, zur Zwiebel geben und einige Minuten mitrösten. ❻ Salzen, pfeffern, etwas Wasser dazugeben und zugedeckt weich kochen (ca. 15 Minuten). ❼ Ab und zu umrühren und eventuell noch Wasser dazugeben, sollte der Wirsing zu trocken sein. Vom Herd ziehen und auskühlen lassen. ❽ In der Zwischenzeit den Käse in Würfel schneiden und den Backofen auf 200 °C (Umluft) vorheizen. ❾ Blätterteig ausrollen, mit Schinken, Wirsing und Käsewürfeln belegen, dabei einen Rand von ca. 3 cm frei lassen. ❿ Die zwei kurzen Seiten leicht einklappen und den Strudel längsseitig aufrollen. ⓫ Mit Milch bepinseln und die Oberfläche einstechen oder mit einem scharfen Messer mehrmals einschneiden. ⓬ Den Strudel auf ein mit Backpapier belegtes Blech legen und bei 200 °C in ca. 30 Minuten goldgelb backen. ⓭ Aus dem Ofen nehmen, einige Minuten ruhen lassen und mit der Currysoße servieren.

FÜR DIE CURRYSOSSE

❶ Brühe aufkochen, Curry, Salz und Pfeffer einrühren. ❷ Die flüssige Sahne unterrühren und nochmals aufkochen. ❸ Etwas einkochen lassen und noch warm mit dem Strudel servieren.

Für 4 Personen

FÜR DEN STRUDEL

750 g	Wirsing
50 g	Zwiebel
2	Knoblauchzehen
etwas	Olivenöl
etwas	Salz
etwas	Pfeffer
300 g	Schmelzkäse
1 Rolle	Blätterteig (rechteckig)
200 g	Kochschinken
etwas	Milch zum Bestreichen

FÜR DIE CURRYSOSSE

150 ml	Brühe (auch Würfelbrühe)
1 TL	Curry
2 Prisen	Salz
etwas	Pfeffer
100 ml	Sahne

---

 30 Minuten

 30 Minuten

 mittel

Roggen-Quiche
mit Sauerkraut und Speck

Eine Quiche ist ja eine französische Spezialität, aber eigentlich hat diese Quiche nicht viel Französisches an sich, na ja, den Namen vielleicht. Der Rest ist made in Südtirol, vom Sauerkraut bis zum Speck und natürlich dem Roggenmehl. Ein besonderes Mehl, das oft unterschätzt wird, aber vielen Gerichten einen besonderen Geschmack verleiht.

❶ Schalotten fein hacken. ❷ Speck in kleine Würfel schneiden. ❸ Öl in einer Pfanne erhitzen, Schalotten und Speck darin einige Minuten unter Rühren anrösten. ❹ Sauerkraut und Wacholderbeeren dazugeben, bei schwacher Hitze unter gelegentlichem Rühren ca. 6 Minuten weiterkochen, vom Herd ziehen und auskühlen lassen. ❺ Für den Teig Vollkornmehl, Roggenmehl und Salz in einer Schüssel vermischen. ❻ Sauerrahm, Butterstücke und Eigelb dazugeben und grob verkneten. ❼ Dann auf eine Arbeitsplatte stürzen und rasch zu einem glatten Teig verkneten. ❽ In Folie einwickeln und ca. 30 Minuten im Kühlschrank ruhen lassen. ❾ Backofen auf 180 °C (Umluft) vorheizen. ❿ Den Teig auf einer leicht bemehlten Arbeitsfläche ausrollen und damit den Boden sowie den Rand einer Quiche-Form (ca. 23 cm Durchmesser) auslegen. ⓫ Mascarpone mit Ei, Eiweiß, Milch, Salz und Pfeffer verrühren und unters Sauerkraut mischen. ⓬ Die Füllung auf dem Teig verteilen und bei 180 °C ca. 30 Minuten lang backen, bis die Oberfläche goldgelb ist. ⓭ Aus dem Ofen nehmen, 5 Minuten ruhen lassen und servieren.

TIPP
Sauerkraut immer erst kosten! Wem es zu sauer ist, der braust es kurz ab, drückt es aus und kocht es dann rezeptgemäß.

Für 4–6 Personen

FÜR DIE FÜLLUNG
2	Schalotten
100 g	Speck, in 3 mm dicke Scheiben geschnitten
4 EL	Samenöl
650 g	Sauerkraut
6	Wacholderbeeren
140 g	Mascarpone
1	Ei
1	Eiweiß
3 EL	Milch
etwas	Salz
etwas	Pfeffer

FÜR DEN TEIG
85 g	Vollkornmehl (Meraner Mühle)
75 g	Roggenmehl (Meraner Mühle)
½ TL	Salz
80 g	Sauerrahm
40 g	Butter
1	Eigelb

25 Minuten
30 Minuten
25 Minuten
niedrig

Hühnerflügel aus dem Ofen mit Zitrone und Pfeffer

Dieses Rezept habe ich auch auf meinem Blog veröffentlicht. Als ich es gepostet habe, hatte ich gerade begonnen, an diesem Buch zu arbeiten, und war dabei, das Inhaltsverzeichnis zu erstellen. Und dann hat mir Barbara, eine meiner treuen Followerinnen, einige Tage später eines der schönsten Komplimente gemacht, die man als Foodbloggerin zu hören bekommt. Sie schrieb, dass sie diese Hühnerflügel zubereitet hat und ich sie bereits zum zweiten Mal zum Nachkochen eines Gerichtes gebracht hatte, das sie jahrelang ignoriert hatte. Natürlich habe ich dann kurzerhand beschlossen, dass diese Hühnerflügel unbedingt mit ins Buch mussten. Vielleicht verliebt sich ja jemand anderes auch in sie.

Für 4 Personen

12	Hühnerflügel
etwas	Samenöl
4	Zweige Rosmarin
etwas	Salz
1	Bio-Zitrone
etwas	Pfeffer aus der Mühle

 15 Minuten
 1 Stunde
niedrig

❶ Backofen auf 200 °C (Umluft) vorheizen und ein Blech mit Backpapier auslegen. ❷ Hühnerflügel putzen, mit der Pinzette von eventuellen Restfedern befreien und sorgfältig mit Küchenpapier trocken tupfen. ❸ Flügel halbieren, damit man sie besser auf dem Blech verteilen kann und sie gleichmäßig gebacken werden. ❹ Die Hälften auf dem mit Backpapier ausgelegten Blech verteilen und sorgfältig mit Öl bepinseln. ❺ Mit der Hautseite nach oben richten und einige Zweige gewaschenen Rosmarin dazulegen. ❻ Bei 200 °C ca. 30 Minuten lang backen, dann wenden, salzen und weitere 15 Minuten in den Ofen schieben. ❼ Anschließend nochmals wenden und mit der Hautseite nach oben richten, mit Zitronensaft beträufeln, salzen und nochmals 15 Minuten backen, bis sie goldgelb und knusprig sind. ❽ Aus dem Ofen nehmen, mit viel frisch gemahlenem Pfeffer und abgeriebener Zitronenschale würzen und mit einigen Zitronenscheiben servieren.

Arrosticini vom Huhn mit Barbecuesoße

Für 4 Personen

500 g	Hühnerbrust ohne Knochen
5 EL	Barbecuesoße
4 EL	Zitronensaft
3 EL	Samenöl
5	Knoblauchzehen
1 TL	Salz
etwas	Pfeffer
etwas	Chilipulver (scharf)
etwas	Petersilie

20 Minuten
2 Stunden
5 Minuten
niedrig

Perfekt zum Aperitif und auch ideal als würzige Hauptspeise. Diese Spießchen sind vor allem in der Grillsaison ein Muss. Sie schmecken sowohl heiß als auch lauwarm.

❶ Hühnerbrust mit Küchenpapier trocken tupfen und eventuelle Fasern oder Fett entfernen. ❷ In ca. 3 × 2 cm große Stücke schneiden, die möglichst alle gleich groß sein sollten, damit sie dann gleichmäßig durchbraten. Beiseitestellen. ❸ Knoblauch schälen und fein hacken. ❹ Barbecuesoße, Zitronensaft, Öl, Knoblauch, Salz, sowie Pfeffer und Chilipulver nach Belieben in einen luftdichten Gefrierbeutel oder Behälter geben und verrühren. ❺ Das Fleisch dazugeben und alles gut vermischen. ❻ Ca. 2 Stunden, gerne auch über Nacht, in den Kühlschrank legen. ❼ Die Holzspieße 30 Minuten vor Zubereitung in kaltes Wasser legen, damit sie in der Pfanne nicht anbrennen. ❽ Die Fleischstücke anschließend dicht aneinander aufspießen. ❾ Eine Bratpfanne sehr heiß werden lassen, die Spießchen hineinlegen und 4–5 Minuten auf allen Seiten gut braten. ❿ Heiß oder warm mit einigen Zitronenspalten und gehackter Petersilie servieren.

TIPP
Wer gerne variiert, kann die Marinade auch mit Paprikapulver, Kurkuma oder Curry würzen.

Fluffige Focaccia mit Friggitelli und Cocktailtomaten

Ich liebe Focaccia. Ich liebe Pizza. Eigentlich liebe ich jegliches Hefegebäck. Focaccia könnte ich auch zum Frühstück essen. Vor einigen Jahren haben meine Schwester und ich mit unseren Männern eine Reise in die USA gemacht. Wir sind um drei Uhr morgens losgefahren und nach dem Check-in am Flughafen sind wir zur Bar gegangen, um einen Kaffee zu trinken. Besser gesagt, eine Focaccia zu essen, mit Zwiebeln, und das um acht Uhr morgens. Oder vielleicht war es gar noch nicht acht. Aber es war gut, wahnsinnig gut. Eigentlich hatte ich eine gute Ausrede, um acht Uhr morgens eine Zwiebelfocaccia zu essen, ich war damals schwanger. Aber welche Ausrede hatte meine Schwester wohl? Hmmm ... ach ja, richtige Schwestern lassen dich in solchen Fällen nie allein.

FÜR DEN TEIG

❶ Mehl, Grieß, Hefe und die Hälfte vom Wasser in eine große Schüssel geben und mit einem Holzlöffel verrühren. ❷ Salz, Olivenöl und restliches Wasser dazugeben und mit dem Löffel zu einem glatten, sehr weichen und klebrigen Teig verrühren. ❸ Zugedeckt 1 Stunde ruhen lassen. ❹ Nach 1 Stunde den Teig falten: Dazu den Teig in der Schüssel lassen und mithilfe einer Teigkarte oder der Hand den Teig auf einer Seite etwas in die Höhe ziehen und zur Mitte hin überlappen, anschließend mit dem entgegengesetzten Teigrand dasselbe wiederholen. ❺ Abgedeckt nochmal 1 Stunde ruhen lassen. ❻ Den Teig nochmals wie vorher falten, allerdings vorher die Schüssel um 90 Grad drehen, damit nicht wieder dieselben Seiten hochgezogen und überlappt werden. ❼ 1 weitere Stunde zugedeckt gehen lassen.

→

Für ein Backblech

FÜR DEN TEIG

300 g	Mehl 0 (Meraner Mühle)
100 g	Vollkornmehl (Meraner Mühle)
100 g	feiner Weizengrieß (Meraner Mühle)
1 TL	Trockenhefe
400 ml	lauwarmes Wasser
2 TL	Kräutersalz
2 EL	Olivenöl

FÜR DEN BELAG

200 g	Friggitelli (kleine italienische Schmorpaprika)
20-25	Cocktailtomaten
½	Zwiebel
3	Scheiben Toastbrot
2	Zweige Rosmarin
3-4	Stängel Petersilie
1	Knoblauchzehe (nach Belieben)
etwas	Salz
etwas	Olivenöl

- 25 Minuten
- 5 Stunden
- 20–25 Minuten
- mittel
- vegetarisches Rezept

❽ Anschließend noch zweimal falten, jeweils im Abstand von 1 Stunde und mit 90 Grad Drehung im Vergleich zur vorherigen Faltung. **❾** Nach der letzten Faltung den Teig noch 1 Stunde gehen lassen und anschließend auf ein mit Olivenöl gefettetes Backblech geben. **❿** Mit geölten Händen den Teig langsam auseinanderziehen, bis er das ganze Blech abdeckt. Nicht zu stark andrücken, damit die Luftblasen nicht kaputt werden.

FÜR DEN BELAG

❶ Tomaten und Friggitelli waschen, putzen und halbieren. Samen der Friggitelli entfernen. **❷** Zwiebel in Ringe schneiden. **❸** Toastbrot mit Rosmarin, Petersilie, Knoblauch, Salz und 3 Esslöffeln Olivenöl im Mixer zerkleinern.
❹ Backofen auf 200 °C (Ober-/Unterhitze) vorheizen.
❺ Die Focaccia mit Tomaten, Friggitelli und Zwiebelringen belegen, die Kräuterbrösel darüberstreuen. **❻** Mit reichlich Olivenöl beträufeln und bei 200 °C ca. 25 Minuten backen.

TIPPS

● Dieser Teig kann auch für Pizza verwendet werden, einfach nach Belieben belegen.
● Durch das Falten gewinnt der Teig an Struktur und wird somit fluffig und luftig.

Würzige Ofenkartoffeln

Für 4 Personen

750 g	Kartoffeln
1 TL	Senf
½ TL	Paprikapulver, edelsüß
½ TL	Salz
1 TL	Rohrzucker
⅓ TL	Knoblauchpulver
⅓ TL	Kurkumapulver
2 EL	Olivenöl
2 EL	Polentamehl

25 Minuten

30 Minuten

niedrig

Umhüllt von einer knusprigen und würzigen Polentamehl-panade sind diese Ofenkartoffeln ganz schnell zubereitet. So einfach kann man gewöhnliche Ofenkartoffeln etwas aufpeppen!

❶ Backofen auf 200 °C (Umluft) vorheizen. ❷ Senf, Paprika-pulver, Salz, Rohrzucker, Knoblauchpulver, Kurkuma und Öl in einer großen Schüssel verrühren. ❸ Kartoffeln waschen, schälen und in Spalten schneiden, mit Küchenpapier gut trocken tupfen und in die Schüssel geben. Alles gut vermischen. ❹ Nun das Polentamehl dazugeben und sorgfältig vermischen, damit dieses an den Kartoffelspalten haften bleibt. ❺ Kartoffelspalten auf einem mit Backpapier ausgelegten Blech nebeneinander, nicht übereinander, verteilen. ❻ Bei 200 °C ca. 30 Minuten lang goldgelb und knusprig backen. Dabei ein- oder zweimal wenden.

TIPP
Wer mag, kann auch Curry oder scharfes Chilipulver zum Würzen dazugeben.

SÜSSES

Crostata mit Gewürzquitten

Quitten sind ein fast vergessenes und nicht so beliebtes Obst, auch wenn sie in letzter Zeit wieder etwas an Bekanntheit erlangt haben und in so manch einem Supermarkt erhältlich sind. Vielleicht werden sie ja wieder zum Trend-Obst, das wäre schön und sie hätten es sich wirklich verdient, denn sie sind nicht nur vielseitig einsetzbar und geschmacklich großartig, sondern auch reich an Nährstoffen.

❶ Mehl, Staubzucker, Backpulver, Salz, Zitronenschale, Butter in Stückchen, Ei und Milch in einen Standmixer geben. ❷ Ca. 30 Sekunden lang auf höchster Stufe mixen, bis die Mischung streuselartig ist. Teigbrösel auf die Arbeitsfläche geben und rasch zu einem glatten Teig verkneten. ❸ Flach drücken, in Folie einwickeln und ca. 1 Stunde im Kühlschrank ruhen lassen. ❹ Für die Füllung Zitrone auspressen und den Saft in einen großen Topf gießen. ❺ Quitten waschen und den Flaum sorgfältig mit einem groben Tuch abreiben, da dieser bitter schmeckt. ❻ Quitten schälen, Kerngehäuse entfernen und in kleine Würfel schneiden. Sofort in den Topf geben und mit dem Zitronensaft verrühren, damit sie sich nicht verfärben. ❼ Zucker dazugeben, Kardamomkapseln öffnen und die Samen dazugeben. ❽ Alles unter zeitweiligem Rühren 10–15 Minuten kochen lassen, bis die Quitten weich, aber noch bissfest sind. ❾ Vom Herd ziehen, Cranberrys dazugeben und auskühlen lassen. ❿ Cashewkerne grob hacken, in einer Pfanne einige Minuten rösten, zu den Quitten geben und umrühren. ⓫ Backofen auf 190 °C (Umluft) vorheizen. ⓬ Zwei Drittel vom Mürbteig auf einer leicht bemehlten Arbeitsfläche ausrollen und damit Boden sowie Rand der Tarteform auslegen.

→

**Für eine Tarteform
(ca. 28 cm Durchmesser)**

FÜR DEN MÜRBTEIG

300 g	Mehl 00
80 g	Staubzucker
1 Prise	Salz
½ TL	Backpulver
1 TL	abgeriebene Schale einer Bio-Zitrone
120 g	Butter
1	Ei
2 EL	Milch

FÜR DIE FÜLLUNG

750 g	Quitten
1	Zitrone (Saft)
75 g	Zucker
2	Kardamomkapseln
3 EL	Cranberrys (oder Rosinen)
3 EL	Cashewkerne

AUSSERDEM

1	Eigelb
1 EL	Milch

 40 Minuten

 1 Stunde

 45 Minuten

 niedrig

⓭ Mürbteigboden blind backen, d. h. ein Blatt Backpapier auf den Teig legen und mit getrockneten Bohnen oder den speziellen Backbohnen aus Keramik füllen und 12 Minuten bei 190 °C backen. **⓮** Aus dem Ofen nehmen, Bohnen und Backpapier entfernen und die Quittenfüllung auf dem Teig verteilen. **⓯** Einen Großteil vom restlichen Mürbteig ausrollen und die Füllung damit vollständig abdecken. Mit dem noch übrigen Mürbteig einige Verzierungen flechten oder ausstechen und auf die Crostata legen. **⓰** Eigelb und Milch verrühren und die ganze Crostata damit einpinseln. **⓱** Bei 190 °C ca. 30 Minuten goldgelb backen. **⓲** Aus dem Ofen nehmen und kalt oder warm mit etwas Schlagsahne servieren.

TIPP

Wer den Teig von Hand macht, sollte ihn nicht zu lange kneten. Die Hände sollten außerdem kalt sein, sonst wird der Teig nach dem Backen hart.

Zartbitter-Crostata mit Birnen

Da gibt es dieses nette italienische Sprichwort: „Al contadino non far sapere, quanto è buono il formaggio con le pere", also übersetzt: „Lass den Bauer nicht wissen, wie gut Käse mit Birnen schmeckt", auch wenn es sich im Deutschen nicht reimt. Auf jeden Fall wollte ich damit nur sagen, dass Birnen mit Käse zwar sicher lecker schmecken, aber mit Schokolade erst! Dieser Kuchen ist was für echte Schokoholics!

FÜR DEN MÜRBTEIG

❶ Butter mit Zucker und Vanilleextrakt schaumig schlagen. ❷ Ei dazugeben und so lange schlagen, bis eine homogene Masse entstanden ist. ❸ Mehl, Kakaopulver und Salz vermischen, zur Buttermischung geben und mit kalten Händen rasch zu einem glatten Teig verarbeiten, ohne diesen zu lange zu kneten. ❹ In Folie einwickeln und 1 Stunde im Kühlschrank ruhen lassen. ❺ Backofen auf 180 °C (Umluft) vorheizen. ❻ Teig auf einer leicht bemehlten Arbeitsfläche ausrollen und Boden sowie Rand der Tarteform damit auslegen. ❼ Mürbteigboden blind backen, also ein Blatt Backpapier auf den Teig legen und mit getrockneten Bohnen oder den speziellen Backbohnen aus Keramik füllen, damit der Teig keine Blasen wirft. ❽ Anschließend 20 Minuten bei 180 °C backen.

FÜR DIE FÜLLUNG

❶ In der Zwischenzeit die Birnen waschen, schälen und vom Kerngehäuse befreien. In dünne Scheiben schneiden. ❷ Sobald der Boden 20 Minuten gebacken wurde, aus dem Ofen nehmen, Bohnen und Backpapier entfernen und die Birnenscheiben fächerartig darauf verteilen. ❸ Nochmals 20–25 Minuten in den Ofen schieben. ❹ Aus dem Ofen nehmen und etwas auskühlen lassen. →

Für 1 Tarteform
(ca. 28 cm Durchmesser)

FÜR DEN MÜRBTEIG

120 g	weiche Butter
110 g	Zucker
1 EL	Vanilleextrakt
1	Ei (Raumtemperatur)
200 g	Mehl
50 g	Kakaopulver (ungesüßt)
1 Prise	Salz

FÜR DIE FÜLLUNG

3	Birnen
300 g	Zartbitterschokolade
240 ml	Schwarzbeernektar (aus der Flasche)
2	Eiweiß
80 g	Zucker
25 ml	Wasser

35 Minuten
1 Stunde
40 Minuten
mittel

❺ Schokolade in Stücke schneiden und in eine Schüssel geben. ❻ Schwarzbeernektar erwärmen, bis er zu kochen beginnt, und über die Schokolade gießen. ❼ Alles gut verrühren, bis die Schokolade geschmolzen und eine homogene Creme entstanden ist. ❽ Die Schoko-Ganache gleichmäßig auf der Birnenfüllung verteilen und etwas abkühlen lassen. ❾ Eiweiß mit 20 g Zucker steif schlagen. ❿ In der Zwischenzeit das Wasser mit den restlichen 60 g Zucker auf 121 °C erwärmen (Thermometer). ⓫ Sobald das Eiweiß steif ist, den heißen Zuckersirup unter Rühren eingießen und das Eiweiß wieder kalt schlagen. ⓬ Die Baisermasse auf der Schoko-Ganache verteilen, mit einem Flambierer flambieren und kalt servieren.

TIPP
Wasser und Zucker werden auf 121 °C erhitzt, da dieser Zuckersirup dann das rohe Eiweiß pasteurisiert und die Gefahr von Salmonellen ausgeschlossen ist.

Wer Birne Helene liebt,
wird diese Crostata erst recht lieben.

Vanille-Schokomousse-Torte

Eine Torte, die wortwörtlich auf der Zunge zergeht. Zwei Schichten cremige Mousse und ein fluffiger Boden mit vielen Schokostückchen, die auch die anspruchsvollsten Naschkatzen glücklich machen. Eine wahre Hingucker-Torte, die auch für besondere Anlässe sehr geeignet ist.

FÜR DEN BISKUITBODEN

❶ Backofen auf 160 °C (Ober-/Unterhitze) vorheizen.
❷ Eier und Zucker sehr schaumig schlagen. ❸ Schoko-tropfen mit einem Esslöffel Mehl vermischen und beiseite-stellen. ❹ Restliches Mehl, Kartoffelstärke und Backpulver auf die Ei-Mischung sieben und langsam unterheben. Abschließend noch die Schokotropfen unterheben.
❺ Teig in die mit Backpapier ausgelegte Kuchenform geben und bei 160 °C ca. 30 Minuten backen (Stäbchenprobe).
❻ Aus dem Ofen nehmen und auf einem Kuchengitter auskühlen lassen.

FÜR DIE SCHOKOMOUSSE

❶ Schokolade in Stücke schneiden und über dem Wasser-bad oder in der Mikrowelle schmelzen, ohne sie zu überhit-zen. ❷ Eier trennen, Eiweiß steif schlagen, danach die Sahne steif schlagen. ❸ Dotter schaumig rühren und anschließend die geschmolzene Schokolade unterrühren, bis eine homogene, aber eher dicke Creme entsteht. 2 Esslöffel Eischnee unterrühren. Nun den Handmixer beiseitelegen und den restlichen Eischnee sowie die Sahne vorsichtig unterheben, bis eine homogene Mousse entstanden ist.

→

**Für 1 Kuchen
(24 cm Durchmesser)**

FÜR DEN BISKUITTEIG

2	Eier
100 g	Zucker
1 TL	Vanillezucker
50 g	Mehl
50 g	Kartoffelstärke
½ TL	Backpulver
3 EL	Zartbitter-Schokotropfen

FÜR DIE SCHOKOMOUSSE

200 g	Zartbitterschokolade
3	Eier
400 ml	Sahne

FÜR DIE VANILLEMOUSSE

60 g	Zucker
250 ml	Milch
1	Vanilleschote
7 g	Blattgelatine (3,5 Blätter)
4	Eigelb
250 ml	Sahne

AUSSERDEM

200 ml	Sahne

⊗ 1 Stunde
❄ 6 Stunden
▦ 30 Minuten
👨‍🍳 mittel

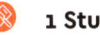

FÜR DIE VANILLEMOUSSE

❶ Milch, Zucker, Mark der Vanilleschote sowie die Vanilleschote selbst in einen kleinen Topf geben, unter ständigem Rühren zum Kochen bringen, bis sich der Zucker aufgelöst hat. ❷ In der Zwischenzeit Gelatineblätter in kaltem Wasser einweichen. ❸ Eigelb in eine Metallschüssel geben, die im Wasserbad erhitzt werden kann. ❹ Vanilleschote aus der Milch nehmen und die heiße Milch zum Eigelb gießen. ❺ Die Milch-Eigelb-Masse über dem Wasserbad aufschlagen, bis eine sehr cremige Masse entstanden ist. ❻ Gelatineblätter ausdrücken und Blätter nacheinander in die Milch-Eigelb-Masse einrühren, bis sie sich aufgelöst haben. ❼ Mit Folie abdecken und auskühlen lassen, bis die Masse zu gelieren beginnt. ❽ Nun die Sahne steif schlagen und vorsichtig unterheben.

FERTIGSTELLUNG

❶ Einen Tortenring um den Biskuitboden setzen und die Schokomousse gleichmäßig darauf verteilen. Zugedeckt für 1 Stunde in den Kühlschrank stellen. ❷ Dann die Vanillemousse darauf verteilen und nochmals 1 Stunde in den Kühlschrank stellen. ❸ Abschließend noch die Sahne steif schlagen und die Vanillemousse sorgfältig damit bedecken. Die Torte mindestens 4 Stunden in den Kühlschrank stellen, gerne auch über Nacht, bevor der Tortenring abgenommen wird.

TIPP

Beide Mousses eignen sich auch gut als Dessert im Glas, z. B. geschichtet und mit Schwarzbeeren garniert.

Schoko-Joghurt-Torte mit Mascarpone-Marmelade-Füllung

Für 1 Kuchen
(24 cm Durchmesser)

FÜR DEN TEIG

240 g	Mehl 00
40 g	Kakaopulver (ungesüßt)
1 TL	Backpulver
½ TL	Natron
1 Prise	Salz
175 g	weiche Butter
150 g	Zucker
130 g	Rohrzucker
2 EL	Vanillezucker
3	Eier (Raumtemperatur)
200 g	Sauerrahm
125 g	Naturjoghurt

FÜR DIE FÜLLUNG

180 g	Mascarpone
4–5 EL	Milch
5 EL	Marillenmarmelade

AUSSERDEM

150 g	Zartbitterschokolade
20 g	Samenöl

Ein feiner Schokokuchen, der in zwei Schritten und mit Füllung gebacken wird. Von cremig bis fluffig ist alles dabei.

❶ Backofen auf 175 °C (Ober-/Unterhitze) vorheizen. ❷ Mehl mit Kakaopulver, Backpulver, Natron und Salz vermischen und beiseitestellen. ❸ Butter mit Zucker, Rohr- und Vanillezucker schaumig schlagen, Eier nacheinander dazugeben und gut unterrühren. ❹ Sauerrahm und Joghurt verrühren. Gesiebte Mehlmischung und Sauerrahm-Joghurt-Mischung abwechselnd und rasch in die Buttermasse rühren, nur so lange, bis keine Mehlspuren mehr sichtbar sind. ❺ Die Hälfte vom Teig in eine mit Backpapier ausgelegte Kuchenform füllen und 20 Minuten bei 175 °C backen. ❻ In der Zwischenzeit Mascarpone und Milch verrühren, bis eine homogene Creme entsteht. ❼ Nach den ersten 20 Minuten Backzeit den Kuchen aus dem Ofen nehmen, rasch die Mascarponecreme auf dem Kuchen verteilen, dabei einen Rand von 2 cm frei lassen, dann die Marmelade und abschließend den restlichen Teig darauf verstreichen. ❽ Weitere 55 Minuten bei 175 °C backen (Stäbchenprobe). ❾ Kuchen aus dem Ofen nehmen und ca. 30 Minuten in der Form auskühlen lassen, dann aus der Form lösen und auf einem Kuchengitter vollständig auskühlen lassen. ❿ Zartbitterschokolade in Stücke schneiden und zusammen mit dem Öl schmelzen. Den Kuchen damit überziehen, auskühlen lassen und servieren.

25 Minuten

75 Minuten

30 Minuten

mittel

Bozner Torte

Wie der Name schon sagt, ist dies eine typische Torte aus Südtirol. Zubereitet wird sie mit einem Rührteig, unter den abschließend noch der Eischnee gehoben wird. Eine Besonderheit dieser fluffigen Torte ist, dass sie zweimal gebacken wird und dadurch in der Mitte eine Schicht aus unwiderstehlich saftigem Obst entsteht.

**Für 1 Kuchen
(24 cm Durchmesser)**

4	Eier (Raumtemperatur)
200 g	Butter
200 g	Zucker
300 g	Dinkelmehl
4 EL	Milch (Raumtemperatur)
3 TL	Backpulver
12–15	Marillen
etwas	Staubzucker

30 Minuten
1 Stunde
niedrig

❶ Backofen auf 180 °C (Ober-/Unterhitze) vorheizen. ❷ Eier trennen und Eiweiß beiseitestellen. ❸ Butter und Eigelb cremig rühren, 150 g Zucker einrieseln lassen und weiterrühren. Mehl, Milch und Backpulver unterrühren. ❹ Eiweiß mit den restlichen 50 g Zucker steif schlagen und vorsichtig unterheben. ❺ Die Hälfte vom Teig in eine mit Backpapier ausgelegte Kuchenform füllen und 20 Minuten bei 180 °C backen. ❻ Den restlichen Teig abdecken und beiseitestellen. ❼ In der Zwischenzeit die Marillen waschen, halbieren und entsteinen. Mit der Schnittfläche nach oben auf einen Teller legen und mit etwas Zucker bestreuen. 1 Minute bei 600 W in der Mikrowelle erwärmen. Sobald der Kuchen, nach ca. 20 Minuten Backzeit, oben goldgelb wird, diesen aus dem Ofen nehmen und die Marillen drauflegen. ❽ Den restlichen Teig gleichmäßig darüber verteilen und weitere 40 Minuten bei 180 °C backen (Stäbchenprobe). ❾ Aus dem Ofen nehmen und auf einem Kuchengitter auskühlen lassen. ❿ Mit Staubzucker servieren.

TIPP
Anstatt Marillen kann man auch Kirschen, Pfirsiche, Zwetschgen oder Äpfel verwenden.

Schokoladige Brownies mit Karamellfüllung

Es gibt viele Dinge, die ich am Leben liebe: erstens das Leben selbst und alles, was es mir bisher gegeben hat. Dann liebe ich Essen, fast jedes, aber vor allem Süßes. Und nein, in diesem Fall (aber auch in allen anderen Fällen) achte ich nicht auf Kalorien. Das Leben ist zu kurz, um auf solch einen einmalig wundervollen Schoko-Karamellgenuss zu verzichten.

FÜR DAS KARAMELL

❶ Zucker in einen hohen Topf geben und gleichmäßig auf dem Topfboden verteilen. Bei schwacher bis mittlerer Hitze, ohne Rühren, schmelzen lassen. ❷ Wenn der Zucker an der Außenseite karamellisiert, kann man den karamellisierten Teil vorsichtig Richtung Topfmitte schieben, damit er nicht anbrennt, aber Achtung – ohne dabei den noch unge-schmolzenen Zucker zu berühren. Es braucht hier etwas Geduld! ❸ Sobald der Zucker vollständig karamellisiert ist und eine goldbraune Farbe angenommen hat (wer ein Küchenthermometer hat, wartet, bis die Temperatur bei 170–175 °C liegt), die Hitze reduzieren und die kalte, in Stücke geschnittene Butter dazugeben. Alles gut mit einem Schneebesen verrühren, bis die Butter vollständig geschmol-zen und eine homogene Masse entstanden ist. ❹ Nun die Sahne eingießen und unter ständigem Rühren nochmals aufkochen. Einige Sekunden kochen lassen und vom Herd ziehen. ❺ In ein Glas füllen und auskühlen lassen.

→

Für eine Backform (20 × 20 cm)

FÜR DAS KARAMELL

100 g	Zucker
75 g	Butter
125 ml	Sahne

FÜR DIE BROWNIES

100 g	Butter
100 g	Zartbitterschokolade
30 g	Kakaopulver (ungesüßt)
160 g	Zucker
1 EL	Vanillezucker
2	Eier
80 g	Mehl
2 Prisen	Salz

⊗ 30 Minuten
⊠ 35 Minuten
☐ mittel

FÜR DIE BROWNIES

❶ Backofen auf 170 °C (Ober-/Unterhitze) vorheizen.

❷ Butter und in Stücke geschnittene Zartbitterschokolade in einer Schüssel schmelzen lassen (über Wasserbad oder in der Mikrowelle). **❸** Mit dem Handmixer verrühren, bis eine homogene Masse entstanden ist. **❹** Kakaopulver, Zucker und Vanillezucker dazugeben. Eier nacheinander unterrühren.

❺ Zum Schluss Mehl und Salz vermischen und untermengen.

❻ Die Hälfte des Teigs in die mit Backpapier ausgelegte Backform geben und 8 Minuten bei 170 °C backen.

❼ Aus dem Ofen nehmen, das Karamell und dann die zweite Hälfte vom Brownieteig darauf verteilen. **❽** Weitere 15–18 Minuten backen. **❾** Aus dem Ofen nehmen, erkalten lassen und servieren.

TIPP

Die Karamellsoße schmeckt auch auf Eis und im Kaffee sehr gut. Man kann auch gleich die doppelte Menge davon zubereiten und den Rest im Kühlschrank aufbewahren, dort wird sie zwar etwas fester, bleibt aber immer noch streich-fähig.

Baiserrolle
mit Lemon Curd und Sahne

Baiser und ich sind große Freunde. Ich peppe oft Desserts damit auf oder bereite sie in vielfältiger Weise zu. Was ich nicht mag, sind getrocknete Baiser, also jene, die durch und durch knusprig bzw. schon fast hart sind. Ich mag sie lieber außen knusprig und innen cremig weich, so dass sie auf der Zunge schmelzen. Wie diese Baiserrolle – einfach unwiderstehlich!

FÜR DIE BAISERMASSE

❶ Backofen auf 180 °C (Umluft) vorheizen. ❷ Eiweiß in eine Schüssel geben und aufschlagen, sobald sie weiß und schaumig zu werden beginnen, den Zucker langsam einrieseln lassen und steif schlagen, bis die Masse glänzt. Dann den Essig unterrühren und den Handmixer beiseitelegen. ❸ Zitrone waschen und trocken tupfen, Schale abreiben. Zitronenschale und gesiebte Maisstärke vorsichtig unter die Baisermasse heben. ❹ Die Baisermasse auf ein mit Backpapier ausgelegtes Blech streichen. In den Ofen schieben und die Temperatur sofort auf 140 °C reduzieren, ca. 30 Minuten backen, bis sich auf der Oberfläche eine dünne, knusprige Kruste gebildet hat. ❺ Aus dem Ofen nehmen, vorsichtig auf ein sauberes Küchentuch stürzen und das Backpapier langsam abziehen. Erkalten lassen.

FÜR DEN LEMON CURD

❶ Zitronen waschen, trocken tupfen, die Schale abreiben und in eine wasserbadtaugliche Schüssel geben. ❷ 80 ml Zitronensaft auspressen und zur Schale gießen. Zucker und Eigelb hinzufügen. ❸ Alle Zutaten gut verquirlen und die Schüssel auf einen bodenbedeckt mit Wasser gefüllten Topf stellen.

→

Für 12 Portionen

FÜR DIE BAISERMASSE

175 g	Eiweiß
200 g	Zucker
1 TL	Weißweinessig oder Apfelessig
1	Bio-Zitrone
1 TL	Maisstärke

FÜR DEN LEMON CURD

2	Bio-Zitronen
6	frische Eigelbe
130 g	Zucker
2 Prisen	Salz
85 g	Butter (Raumtemperatur)

AUSSERDEM

150 g	Schwarzbeeren
350 ml	Sahne
etwas	Staubzucker zum Dekorieren

 25 Minuten

 40 Minuten

 mittel

❹ Die Masse unter ständigem Rühren über dem Wasserbad erhitzen, bis sie schaumig wird und leicht eindickt.

❺ Vom Herd ziehen und die Butter stückweise gut unterrühren, bis eine glatte und samtige Creme entstanden ist. Mit Folie abdecken und auskühlen lassen.

FERTIGSTELLUNG

❶ Schwarzbeeren waschen und trocken tupfen. ❷ Sahne steif schlagen. ❸ Lemon Curd auf den Baiserboden streichen, dann die geschlagene Sahne und abschließend die Schwarzbeeren darauf verteilen. Aufrollen und vor dem Servieren mindestens 30 Minuten in den Kühlschrank stellen.

TIPP

Um aus dem Lemon Curd eine schnelle Zitronenmousse zu zaubern, einfach Schlagsahne unterheben und im Glas servieren.

Käsekuchen
mit Zitrone und Kokos

FÜR DEN BODEN

❶ Dinkelmehl, Kokosflocken, Zucker, Ei, kalte Butter und Backpulver in einen Standmixer geben. Mehrmals kurz mixen, bis eine streuselartige Masse entsteht. ❷ Diese auf die Arbeitsfläche kippen und rasch zu einem Teig zusammen-kneten. ❸ In Folie einwickeln und 30 Minuten im Kühlschrank ruhen lassen. ❹ Backofen auf 180 °C (Ober-/Unterhitze) vorheizen. ❺ Den Teig auf einer bemehlten Arbeitsfläche oder direkt in der mit Backpapier ausgelegten Form ausrollen. ❻ Mehrmals mit der Gabel einstechen und 12 Minuten bei 180 °C backen.

FÜR DIE FÜLLUNG

❶ Zitronen waschen und trocken tupfen, Schale abreiben und mit dem Zucker vermischen. ❷ 60 ml Zitronensaft auspressen. ❸ Butter in einer Schüssel cremig rühren, dann den Zucker einrieseln lassen und schaumig schlagen. ❹ Das Mark der Vanilleschote, Ricotta, Skyr und Zitronensaft unterrühren. ❺ Eier nacheinander unterrühren und abschlie-ßend die Maisstärke untermengen. ❻ Die Ricotta-Creme auf den vorgebackenen Kokosboden verstreichen und nochmals 1 Stunde bei 180 °C backen. ❼ Den Ofen ausschalten und den Käsekuchen mindestens 1 Stunde mit geschlossener Tür im Ofen ruhen lassen. ❽ Anschließend herausnehmen und vollständig abkühlen lassen, bevor der Kuchen mit Schlagsahne, einigen Zitronenscheiben und Zitronenmelisse-Blättern garniert wird.

TIPPS

● Wer keinen Standmixer hat, knetet den Teig einfach mit den Händen.
● Anstatt mit Zitrone kann der Kuchen auch mit Orangensaft und -schale zubereitet werden.

**Für 1 Kuchen
(22–24 cm Durchmesser)**

FÜR DEN BODEN

100 g	Dinkelmehl
90 g	Kokosflocken
75 g	Zucker
1	Ei
100 g	kalte Butter
½ TL	Backpulver

FÜR DIE FÜLLUNG

3	Bio-Zitronen
160 g	Zucker
100 g	Butter (Raumtemperatur)
½	Vanilleschote
750 g	Ricotta
300 g	Skyr
4	Eier (Raumtemperatur)
30 g	Maisstärke

AUSSERDEM

200 ml	Sahne
2	Scheiben Bio-Zitrone
einige	Blätter Zitronenmelisse

---

25 Minuten
2 Stunden
75 Minuten
mittel

Espresso-Cheesecake ohne Backen

Für 1 Kuchen
(22-24 cm Durchmesser)

FÜR DEN KEKSBODEN

180 g	Kekse (Butterkekse/ Vollkornkekse)
80 g	Butter

FÜR DIE KAFFEECREME

150 g	Zartbitterschokolade
60 ml	Espresso
250 g	Mascarpone
150 g	Frischkäse
175 g	Zucker
1 TL	Vanilleextrakt
300 ml	Sahne

ZUM VERZIEREN

etwas	Schlagsahne
etwas	Kakaopulver (ungesüßt)

- 35 Minuten
- 4 Stunden
- keine
- niedrig
- vegetarisches Rezept

Ob Winter oder Sommer, ich scheue den Backofen nicht, auch wenn das Thermometer draußen 38 Grad zeigt. Ist ja auch verständlich, denn wenn die Lust auf Kuchen oder Pizza da ist, kann sie nicht allzu lange warten. Manchmal bereite ich allerdings auch gerne kalte Torten oder Cheesecakes zu. Hier eine richtig cremige Variante, bei diesem Anblick kann einem schon mal das Wasser im Mund zusammenlaufen. Und wenn ihr keine Lust habt, den Ofen anzuschmeißen, dann ist diese Torte genau richtig!

FÜR DEN KEKSBODEN

❶ Den Boden einer Kuchenform mit Backpapier auslegen. ❷ Kekse in einen Standmixer geben und zerbröseln. ❸ Butter zerlassen und sorgfältig mit den Keksen vermischen. ❹ Die Keksmischung in die Form geben und gleichmäßig auf dem Boden verteilen, dabei mithilfe eines Löffels gut andrücken. ❺ 30 Minuten im Kühlschrank ruhen lassen.

FÜR DIE KAFFEECREME

❶ Zartbitterschokolade in Stücke brechen und über dem Wasserbad oder in der Mikrowelle schmelzen, ohne sie zu überhitzen. Abkühlen lassen. ❷ Espresso zubereiten und abkühlen lassen. ❸ Mascarpone, Frischkäse, Zucker und Vanilleextrakt in eine Schüssel geben und zu einer homogenen Creme verrühren. ❹ Die geschmolzene Schokolade und den abgekühlten Espresso dazugeben und unterrühren. ❺ Abschließend noch die Sahne steif schlagen und vorsichtig unterheben. ❻ Den Keksboden aus dem Kühlschrank holen und die Kaffeecreme gleichmäßig darauf verteilen. ❼ Mindestens 4 Stunden kühl stellen. ❽ Vor dem Servieren mit Schlagsahne und Kakaopulver dekorieren.

Milchreis-Cheesecake mit Erdbeeren

Tadaaa!! Und hier ist sie, meine geheime Geburtstagstorte von meinem letzten Geburtstag. Damals, als noch niemand außer meinen engsten Verwandten und meiner lieben Foodblogger-Freundin Stephanie alias Mastercheffa von meinem Kochbuch wusste. Und das war auch das erste Mal in vier Jahren Blog, dass ich meinen Geburtstagskuchen nicht gepostet habe, aber es gab ja einen guten Grund dafür! Hier ist er nun, viel Spaß beim Nachbacken!

FÜR DIE FÜLLUNG

❶ Milch und Zucker in einen kleinen Topf geben, Zitrone waschen, trocken tupfen, Schale abreiben und zusammen mit dem Mark der Vanilleschote und der ausgekratzten Schote zur Milch geben und aufkochen. ❷ Sobald die Milch kocht, Reis und Rosinen dazugeben und verrühren. ❸ Ca. 25 Minuten zugedeckt bei schwacher Hitze köcheln lassen, gelegentlich umrühren. ❹ Den gekochten Reis in eine Schüssel geben und abkühlen lassen, bis er nur mehr lauwarm ist. Skyr und in Stücke geschnittene Butter dazugeben und untermengen.

FÜR DEN BODEN

❶ Backofen auf 180 °C (Umluft) vorheizen. ❷ Kekse im Standmixer zu Bröseln reiben und mit dem Zucker vermischen. ❸ Butter schmelzen, über die Kekse gießen und gut verrühren. ❹ Die Keksmischung in eine mit Backpapier ausgelegte Form geben und auf dem Boden gut andrücken. ❺ Ca. 15 Minuten bei 180 °C backen. ❻ Aus dem Ofen nehmen und abkühlen lassen. ❼ Den noch lauwarmen Reis auf dem lauwarmen Keksboden verteilen und glatt streichen.

→

**Für 1 Kuchen
(22–24 cm Form)**

FÜR DIE FÜLLUNG

1 l	Milch
70 g	Zucker
½	Bio-Zitrone
2 Prisen	Zimt
1	Vanilleschote
240 g	Reis (z. B. Carnaroli)
50 g	Rosinen
300 g	Skyr (Mila)
50 g	Butter

FÜR DEN BODEN

240 g	Vollkornkekse
120 g	Butter
1 EL	Rohrzucker

FÜR DIE ERDBEEREN

400 g	Erdbeeren
1–2 EL	Zucker
1	Zitrone (Saft)
1 EL	Maisstärke
200 g	Himbeeren

 20 Minuten

 3 Stunden

45 Minuten

mittel

❽ Mindestens 3 Stunden im Kühlschrank ruhen lassen, gerne auch über Nacht, bevor der Cheesecake aus der Form genommen wird.

FÜR DIE ERDBEEREN

❶ Erdbeeren waschen, in Stücke schneiden und in einen kleinen Topf geben. **❷** Zucker, Zitronensaft und Maisstärke untermischen. **❸** Ca. 5 Minuten unter Rühren köcheln lassen, bis die Erdbeersoße etwas eingedickt ist. Himbeeren waschen und dazugeben, eine weitere Minute lang kochen und vom Herd ziehen. **❹** Den Milchreis-Cheesecake mit der noch warmen Erdbeersoße servieren.

TIPP

Wer keinen Standmixer hat, füllt die Kekse in einen Gefrierbeutel und zerbröselt sie mithilfe eines Nudelholzes.

Hefe-Buttermilch-Knoten

Es war weder die Lust auf Süßes noch der Wille, etwas fürs Frühstück zu backen, nein, hinter diesem Rezept steckt viel mehr. Alles hat begonnen mit einem „Mami, ich pflück dir diese Blumen, dann kannst du sie für deine Fotos benutzen!". Wie schön sind solche Momente echter und bedingungsloser Liebe, bei denen so wenige Worte dein Herz zum Schmelzen bringen! Ja, in solchen Momenten möchte ich einfach nur die Zeit anhalten, damit meine Mädels immer genau so bleiben, wie sie jetzt sind. Klein, liebevoll, knuddelig, fürsorglich und mit dieser Unschuld im Blick und im Herzen, die auch das alltäglichste Ereignis einfach einzigartig macht. Ja, ich möchte die Zeit anhalten. Jetzt.

❶ Mehl mit Trockenhefe in einer Schüssel verrühren. ❷ Knetmaschine einschalten und die lauwarme Buttermilch dazugießen. ❸ Zucker mit dem Mark der Vanilleschote verrühren und zum Teig geben. ❹ Weiterkneten und nacheinander Ei, Eigelb und Salz dazugeben. ❺ So lange kneten, bis der Teig geschmeidig und elastisch ist, d. h. so lange, bis er sich vollständig von Schüsselboden und Schüsselwänden gelöst hat und der ganze Teig um den Knethaken gewickelt ist. ❻ Die weiche Butter stückweise unterkneten, aber immer warten, bis das vorherige Stück ganz eingearbeitet ist, bevor das nächste dazugegeben wird. ❼ Der Teig ist dann fertig, wenn er glänzt sowie geschmeidig, elastisch und vollständig um den Knethaken gewickelt ist. Dies kann schon 20 Minuten dauern, man sollte es also nicht eilig haben. ❽ Schüssel mit Folie verschließen und den Teig bei Raumtemperatur ca. 2–3 Stunden gehen lassen.

→

Für 16 Knoten

FÜR DEN TEIG

560 g	Dinkelmehl
1,5 TL	Trockenhefe
250 ml	lauwarme Buttermilch
90 g	Zucker
½	Vanilleschote
1	Ei
1	Eigelb
1 Prise	Salz
70 g	weiche Butter

AUSSERDEM

1	Ei
etwas	Hagelzucker

 25 Minuten
 3 Stunden
 20 Minuten
mittel

❾ Sobald der Teig sein Volumen verdoppelt hat, einmal kräftig in den Teig boxen, ihn auf die Arbeitsfläche legen, kurz durchkneten und in 16 Portionen teilen. **❿** Auf der leicht bemehlten Arbeitsfläche aus jedem Teigstück zuerst einen ca. 20 cm langen Strang formen und diesen dann zu einem Knoten binden. **⓫** Auf ein mit Backpapier ausgelegtes Blech legen. **⓬** Die Knoten mit einem sauberen Tuch zudecken und nochmals ca. 30 Minuten gehen lassen. **⓭** Backofen auf 180 °C (Ober-/Unterhitze) vorheizen.
⓮ Knoten mit dem verquirlten Ei bestreichen und mit Hagelzucker bestreuen. **⓯** Ca. 20 Minuten bei 180 °C leicht goldgelb backen. **⓰** Aus dem Ofen nehmen und abkühlen lassen.

TIPP

Die Knoten eignen sich auch super zum Einfrieren. Wer das Einfrieren schon im Voraus plant, bestreut sie am besten nicht mit Hagelzucker, da dieser beim Auftauen leicht schmilzt und die Oberfläche der Knoten dann feucht bleibt.

Mohn-Zwetschgen-Strudel

Natürlich durfte in meinem Buch auch ein süßes Strudel-rezept nicht fehlen. Eine saftige Mohn-Zwetschgen-Fülle, umhüllt von weichem Hefeteig, mit dem man immer punkten kann, sorgt für Gaumenfreude pur. Jeder, der ihn verkosten durfte, war begeistert und ich habe mich auf der Stelle in das Foto verliebt, das ich letzten Sommer mit frisch gepflückten Bergblumen geschossen habe.

FÜR DEN TEIG

❶ Mehl in eine Rührschüssel geben und mit der Hefe vermischen. ❷ Knetmaschine einschalten und die lauwarme Milch dazugießen. ❸ Zucker dazugeben, Zitrone waschen, trocken tupfen und Schale abreiben, Zitronenschale und Salz zum Teig geben. ❹ Eigelbe unterkneten, und sobald diese aufgenommen wurden, die weiche Butter stückweise unterkneten. ❺ Der Teig ist dann fertig, wenn er glänzt und geschmeidig, elastisch und vollständig um den Knethaken gewickelt ist. Dies kann durchaus auch 20 Minuten dauern. ❻ Den Teig zu einer Kugel formen, zurück in die Schüssel legen, mit Folie abdecken und an einem warmen, vor Luftzug geschützten Ort gehen lassen, bis sich das Teig-volumen verdoppelt hat (ca. 2 Stunden).

FÜR DIE FÜLLUNG

❶ In der Zwischenzeit die Füllung zubereiten. ❷ Milch mit Zucker, Zimt und abgeriebener Schale einer halben Zitrone aufkochen. ❸ Dann den geriebenen Mohn einrieseln lassen und gut verrühren, ca. 4–5 Minuten weiterköcheln lassen, bis die Masse eindickt. ❹ Vom Herd ziehen und abkühlen lassen.

→

Für 15 Portionen

FÜR DEN TEIG

200 g	Mehl 0
150 g	Kamutmehl
2 g	Trockenhefe
170 ml	lauwarme Milch
70 g	Zucker
½	Bio-Zitrone (Schale)
2 Prisen	Salz
2	Eigelb
60 g	weiche Butter

FÜR DIE FÜLLUNG

250 ml	Milch
70 g	Zucker
½ TL	Zimt
½	Bio-Zitrone (Schale)
170 g	geriebener Mohn
500 g	Zwetschgen

ZUM BESTREICHEN UND FÜR DIE GLASUR

1	Ei
140 g	Staubzucker
½	Zitrone (Saft)

 25 Minuten

 3 Stunden

 35 Minuten

 mittel

FERTIGSTELLUNG

❶ Sobald sich das Teigvolumen verdoppelt hat, einmal kräftig reinboxen und den Teig dann auf einer leicht bemehlten Arbeitsfläche zu einem Rechteck ausrollen (ca. 40 × 30 cm). ❷ Die Mohnfüllung auf dem Teig verstreichen, dabei einen Rand von ca. 2 cm frei lassen. ❸ Zwetschgen waschen, trocken tupfen, entsteinen und in Spalten schneiden. ❹ Die Zwetschgenspalten auf die Mohnfülle legen. ❺ Die beiden kurzen Enden leicht nach innen klappen (ca. 3 cm) und den Strudel längsseitig aufrollen. ❻ Auf ein mit Backpapier ausgelegtes Blech legen, mit einem sauberen Tuch zudecken und ca. 30 Minuten ruhen lassen. ❼ In der Zwischenzeit den Backofen auf 180 °C (Ober-/Unterhitze) vorheizen. ❽ Den Strudel mehrmals einstechen und mit dem leicht verquirlten Ei bestreichen. ❾ Ca. 30 Minuten bei 180 °C backen, bis die Oberfläche goldgelb ist.

FÜR DIE GLASUR

❶ Staubzucker mit dem Saft einer halben Zitrone gut verrühren und damit den noch warmen Strudel überziehen. Lauwarm oder kalt servieren.

TIPPS

● Anstatt Zwetschgen kann man auch Marillen oder Kirschen verwenden.

● Wer kein weiteres Ei zum Bestreichen nehmen möchte, kann es durch Milch ersetzen.

Holundermousse
auf Schwarzbeerkompott

Für 6–8 Personen

FÜR DIE MOUSSE

10 g	Blattgelatine
400 g	Joghurt
100 g	Mascarpone
100 ml	Holunderblütensirup
1	Bio-Zitrone
250 ml	Sahne

FÜR DIE SCHWARZBEEREN

200 g	Schwarzbeeren
etwas	Zucker
2 TL	Maisstärke
1	Zitrone (Saft)

🍴 **20 Minuten**

⏳ **4 Stunden**

🍳 **25 Minuten**

🍲 **mittel**

📓 **AUS MEINEM NOTIZBUCH**

Wie ich es liebe, wenn im Frühling
der Holunder blüht. Lies weiter auf
Seite 255.

FÜR DIE MOUSSE

❶ Gelatine 10 Minuten in kaltem Wasser einweichen.
❷ Joghurt, Mascarpone und Holunderblütensirup gut
verrühren. ❸ Zitrone waschen und trocken tupfen, Schale
abreiben, zusammen mit dem Zitronensaft zum Joghurt
geben und unterrühren. ❹ Gelatineblätter leicht ausdrücken, in einen kleinen Topf geben und bei schwacher Hitze
auflösen, ohne sie zum Kochen zu bringen. ❺ Sobald sich
die Gelatine aufgelöst hat, 3 Esslöffel der Joghurt-Creme
untermischen. Anschließend die Gelatine-Joghurt-Mischung
in die Schüssel mit der restlichen Joghurtcreme geben und
gleichzeitig alles mit dem Handmixer gut verrühren, damit
sich keine Klumpen bilden. ❻ 30 Minuten in den Kühlschrank
stellen, bis die Masse zu gelieren beginnt. ❼ Sahne steif
schlagen und vorsichtig unter die Joghurtmasse heben.
❽ Zugedeckt 3–4 Stunden lang kühlen.

FÜR DIE SCHWARZBEEREN

❶ In der Zwischenzeit die Schwarzbeeren waschen,
1–2 Esslöffel Zucker (je nach Süße), Maisstärke, Zitronensaft
und 2–3 Esslöffel Wasser untermischen. ❷ Unter Rühren zum
Kochen bringen und weiterkochen, bis die Schwarzbeeren
weich sind und die Masse etwas eingedickt ist. ❸ Vom Herd
ziehen. ❹ Zum Servieren die Mousse mithilfe von 2 nassen
Esslöffeln zu Nocken formen, auf einen Teller legen und mit
dem lauwarmen Schwarzbeerkompott garnieren.

TIPPS

● Wer keine Schwarzbeeren hat, kann auch tiefgekühlte
Himbeeren oder Waldfrüchte nehmen.
● Wer das Kompott lieber etwas flüssiger mag, gibt noch
etwas Wasser dazu.

Kirschknödel

Noch ein typisches Rezept aus Südtirol, eines dieser Gerichte, die man gerne auch comfort food nennt, denn sobald man den ersten Bissen im Mund hat, werden Kindheitserinnerungen wach. Ein süßer Grießteig, gefüllt mit vielen saftigen Kirschen, einfach ein himmlischer Genuss.

FÜR DIE KNÖDEL

❶ Milch mit Zucker, Salz und Butter in einen kleinen Topf geben, zum Kochen bringen und den Grieß einrieseln lassen, dabei sofort mit einem Schneebesen verrühren, damit keine Klumpen entstehen. ❷ Mit einem Holzlöffel kurz weiterrühren, bis die Masse eindickt und eine weiße Schicht auf dem Topfboden hinterlässt. ❸ Die Masse in eine Schüssel geben und etwas erkalten lassen. ❹ Dann die Eier einzeln dazugeben und mit dem Handrührgerät gut verrühren. ❺ Schüssel abdecken und mindestens 2 Stunden kalt stellen, der Teig kann auch gut am Vorabend zubereitet werden. ❻ Nach der Kühlzeit die Kirschen waschen und entsteinen, halbieren und beiseitestellen. ❼ Ausreichend Wasser in einem großen Topf zum Kochen bringen und salzen. ❽ Grießmasse aus dem Kühlschrank nehmen, mithilfe eines Esslöffels oder mit nassen Händen ein eigroßes Stück entnehmen und auf der Hand flachdrücken, 3–4 halbe Kirschen in die Mitte setzen und mit der Grießmasse umhüllen. ❾ Eine Kugel formen und auf eine leicht bemehlte Oberfläche legen, so fortfahren, bis alle Zutaten aufgebraucht sind.

→

Für ca. 15 Knödel

FÜR DIE KNÖDEL

500 ml	Milch
70 g	Zucker
1 Prise	Salz
125 g	Butter
180 g	Hartweizengrieß, grob
3	Eier
25	Kirschen

ZUM ANRICHTEN

60 g	Butter
8 EL	Semmelbrösel
1 EL	Zucker
1–2 TL	Zimt

 35 Minuten

 2 Stunden

 8 Minuten

 mittel

ZUM ANRICHTEN

❶ Butter in einer Pfanne zerlassen, Semmelbrösel dazugeben und 1–2 Minuten darin anrösten, Zucker und Zimt dazugeben und goldgelb rösten. ❷ Vom Herd ziehen und beiseitestellen. ❸ Knödel ins kochende Wasser legen und ca. 7 Minuten lang köcheln lassen. ❹ Sobald die Knödel an die Oberfläche schwimmen, noch ca. 1 Minute köcheln lassen und dann aus dem Wasser heben. ❺ In die Pfanne zu den Bröseln geben, darin wälzen und servieren.

TIPP

Anstatt mit Kirschen kann man die Knödel auch mit Marillen oder Zwetschgen füllen. Marillen oder Zwetschgen entsteinen, in die Mitte einen Teelöffel Zucker geben und dann die Knödel damit füllen.

Buchteln mit Kastanienmehl

Für 6 Personen

FÜR DEN TEIG

120 g	Kastanienmehl
200 g	Mehl 00
180 g	Mehl 0
1 TL	Trockenhefe
50 g	Zucker
1 EL	Vanillezucker
200 ml	lauwarme Milch
1	Ei
1 Prise	Salz
70 g	weiche Butter

FÜR DIE FÜLLUNG

250 g	Kastanienmarmelade

FÜR DAS QUITTENMUS

600 g	Quitten
2–3 EL	Zucker
1	Zitrone (Saft)

AUSSERDEM

etwas	Butter zum Bestreichen
	Staubzucker

 40 Minuten

2 Stunden

25–30 Minuten

mittel

Die lieben Buchteln, ja, die lassen mein Herz immer höher schlagen. Weich und fluffig werden sie bei uns gerne als Hauptmahlzeit verspeist, weil sie ja soooo lecker sind. Das Kastanienmehl verleiht diesen Buchteln eine wirklich wunderbare Note, einfach Herbstgenuss pur!

FÜR DIE BUCHTELN

❶ Mehl, Zucker, Vanillezucker und Hefe in einer Schüssel verrühren. ❷ Die Hälfte der lauwarmen Milch zum Mehlgemisch geben. ❸ Knetmaschine einschalten. ❹ Nun nacheinander Salz, Ei und restliche Milch dazugeben. ❺ Solange kneten, bis ein glatter und homogener Teig entstanden ist. ❻ Dann die weiche Butter stückweise dazugeben. ❼ Weiterkneten, bis die ganze Butter aufgenommen und der Teig glatt und elastisch ist. ❽ Den Teig zu einer Kugel formen, zurück in die Schüssel geben und abgedeckt an einem warmen Ort ohne Luftzug ruhen lassen, bis er sein Volumen verdoppelt hat (ca. 2 Stunden). ❾ Eine Auflaufform ausbuttern. ❿ Einmal in den Teig boxen und diesen in 15 gleiche Teile teilen. ⓫ Ein Teil auf der Hand flach drücken, in die Mitte einen Teelöffel Kastanienmarmelade geben, gut verschließen, damit die Füllung beim Backen nicht ausläuft, und zu einer Kugel formen. ⓬ Mit der glatten Seite nach oben gerichtet in die Auflaufform setzen. ⓭ Die restlichen Buchteln formen und nicht zu dicht aneinandergereiht in die Auflaufform geben, da sie noch aufgehen werden. ⓮ Sobald alle Buchteln in der Auflaufform sind, den Backofen auf 180 °C (Ober-/Unterhitze) vorheizen. ⓯ Die Buchteln mit zerlassener Butter bepinseln und bei 180 °C ca. 30 Minuten goldgelb backen. ⓰ Aus dem Ofen nehmen, mit Puderzucker und Quittenmus servieren.

→

FÜR DAS QUITTENMUS

❶ Die Quitten mit einem Tuch gut abreiben, um den bitteren Flaum zu entfernen, dann waschen, vom Kerngehäuse befreien und grob würfeln. ❷ Sofort mit dem Zitronensaft vermischen, damit sich die Quitten nicht verfärben.
❸ Zucker dazugeben und ca. 20 Minuten weich kochen.
❹ Mit dem Stabmixer pürieren und etwas Wasser unterrühren, bis die gewünschte Konsistenz erreicht ist. ❺ Nochmals kurz aufkochen lassen und servieren.

TIPP

Die Buchteln kann man auch mit Apfelwürfeln füllen. Diese vorher in etwas zerlassener Butter und Zimt schwenken.

Aus meinem Notizbuch

PACCHERI MIT PAPRIKACREME UND BÜFFELMOZZARELLA (S. 35)

Die Paccheri stammen aus Neapel. Es handelt sich dabei um Hohlnudeln mit einem besonders großen Lochdurchmesser. Diese Paccheri mit Paprikacreme sind schön cremig und begeistern Groß und Klein. Natürlich könnt ihr die Paprikaschoten auch in der Pfanne braten und häuten, allerdings gibt das Röstaroma dem Gericht eine besondere Note.

MASCARPONE-RISOTTO MIT KNUSPRIGEM ROHSCHINKEN (S. 42)

Es gibt sie, die Tage, an denen ich nicht weiß, was ich kochen soll. Dann öffne ich einfach den Kühlschrank und schaue, was ich darin so finde. Einmal bin ich dabei auf eine offene Packung Mascarpone gestoßen, und da ich offene Lebensmittelpackungen nicht so gern für längere Zeit aufbewahre, war es gleich klar, dass dieser Mascarpone irgendwie ins Mittagessen reinmusste. Dann war da auch noch der Rohschinken und, na ja, jetzt fehlte nur noch was Grünes. Grün, mal überlegen … ach ja, Erbsen! Das Mittagessen stand so gut wie fest, aber so einfach war es dann doch nicht, denn zuerst musste es noch von Linda, meiner kleinen wählerischen Hilfsköchin genehmigt werden. Also habe ich mal vorsichtig gefragt: „Schatz, wie wäre es mit einem Mascarpone-Risotto zu Mittag mit knusprigem Rohschinken und Erbsen?"

Die Antwort war fast vorauszusehen: „Nein, Mascarpone mag ich nicht!" Okay. Plan B: „Hör mal Schatz, was sagst du dann zu einem Erbsenrisotto mit Mascarpone und knusprigem Rohschinken, eigentlich ist Mascarpone ja praktisch wie Sauerrahm und den magst du ja gerne." „Okay Mami, das passt!"

Ich glaube, Mütter sind die besten Überredungskünstlerinnen, Linda hat auf jeden Fall zwei Teller vom Risotto gegessen.

ERDBEER-RHABARBER-CRUMBLE (S. 99)

Mein erstes Treffen mit einem Rhabarber-Crumble: Es war an einem wolkenverhangenen und regnerischen Abend in Australien, entlang der Great Ocean Road. Ein wunderschöner Ort mit atemberaubenden Aussichtspunkten. Inzwischen war es dunkel geworden, es regnete und wir fuhren mit unserem Mietwagen durch die Gegend, in der Hoffnung, so spät noch ein Hotel zu finden. Ja, es ist schon sehr abenteuerlich, an einem Ort wie Australien, wo es in bestimmten Gegenden über Hunderte von Kilometern keine lebende Seele gibt, einfach durch die Gegend zu fahren, ohne ein gebuchtes Zimmer zu haben. Ach, wie das toll ist. Als wir schon alle Hoffnung verloren hatten, kamen wir dann endlich in ein kleines Dorf. Nachdem wir ein schönes Zimmer im einzigen Hotel der Ortschaft gefunden hatten, gingen wir in das ebenfalls einzige Restaurant der Gegend, das uns der Hoteleigentümer empfohlen hatte. Es war ein kleines Lokal, mit nur sieben oder acht Tischen, aber es sah sehr gemütlich aus. Wir setzten uns, bestellten und aßen eines der besten Abendessen unseres ganzen Urlaubs. Was den Nachtisch anbelangt, habe ich einfach zum Nachbartisch geschaut. Ich bin da immer ziemlich neugierig und achte stets darauf, was der Kellner gerade in seiner Hand hält, wenn er an meinem Tisch vorbeiläuft. Und dieses Schüsselchen, mit der knusprigen Oberfläche und der Eiskugel darauf, hatte mich sofort fasziniert. Als die Kellnerin dann kam, um die Bestellung aufzunehmen, sagte ich einfach: „Ich nehme das, was der Herr dort drüben genommen hat!" Und sie antwortete lachend: „Oh, the rhubarb crumble!" Und ja, was soll ich sagen, es war Liebe auf den ersten Bissen.

EIERSALAT
NACH OMA IMMA (S. 116)

Ein Gericht, das auf unserem Ostertisch niemals fehlen darf. Ein echter Leckerbissen als Antipasto, aber auch einfach auf einer kalten Platte, serviert mit Brot, Aufschnitt und Käse. Dieser Eiersalat ist nicht nur einfach zuzubereiten, sondern auch ideal zum Vorausplanen. Er kann am Vortag fertiggestellt werden, denn nach einer Nacht im Kühlschrank ist er schön durchgezogen und schmeckt noch besser.

SAUERBRATEN
NACH OMA IMMA (S. 155)

In Deutschland sehr bekannt, ist dieser Sauerbraten eine würzige Hauptspeise, die meine Oma seit vielen Jahren zubereitet. Der Braten ist auch für besondere Anlässe bestens geeignet und kann gut im Voraus zubereitet werden. Das Fleisch muss 48 Stunden lang marinieren werden, anschließend wird es mit einem Teil der Marinade gekocht, die durch die Zugabe von Sahne cremiger und edler wird.

PANIERTE LAMMKOTELETTS
NACH GIANNA (S. 156)

Dieses Rezept habe ich von Gianna bekommen, einer guten Freundin meiner Schwiegermutter und auch einer treuen Followerin von meinem Blog. Es gibt Menschen, mit denen man stundenlang über ein gemeinsames Interesse sprechen könnte, in unserem Fall Kochen und Backen … ja, sie ist eine von diesen Menschen. Danke, Gianna.

GEFÜLLTE FORELLEN MIT
POLENTAKRUSTE (S. 158)

„Lass sie so lange braten, bis sie auf einer Seite eine Kruste bekommen haben, wende sie nie vorher, sonst zerfallen sie!" Tja, das ist der einzig wichtige Rat zu diesem Rezept. Meine Schwiegermutter hat es immer wiederholt, also so 50 bis 60 Mal. Und jeder weiß, Ratschläge von Mamas und Omas müssen immer befolgt werden!

TORTA PUTANA MIT ÄPFELN
UND ROSINEN (S. 169)

Ja, ich weiß, das ist ein Rezept aus Vicenza und ich bin eigentlich Südtirolerin, aber meine Schwiegereltern stammen aus der Nähe von Vicenza und dies ist ein Rezept der Mutter meiner Schwiegermutter, ein Kuchen, der von Generation zu Generation überliefert wird. Der Name klingt wohl etwas merkwürdig, übersetzt heißt Puttana ja eigentlich Prostituierte. Manche munkeln er komme daher, dass man in den Kuchen so ziemlich alles reingibt, was man grad übrig hat, andere wiederum sagen, der Name sei auf ein bestimmtes Ereignis zurückzuführen.
Angeblich hatte ein berühmter Gastwirt in seinem Restaurant in Vicenza einen Kuchen zubereitet, der noch keinen Namen hatte, aber einem anderen Kuchen aus der Gegend ähnelte, dem „maccafame". Zu den Stamm-

gästen des Lokals gehörte auch ein gebildeter und reservierter Mann, der immer elegant gekleidet war. Eines Abends fiel im Restaurant kurz der Strom aus und der Kellner, der gerade einen Teller mit Kuchen servieren wollte, stolperte im Dunkeln. Der Kuchen landete auf dem Teller des schüchternen Mannes. Als das Licht wieder anging, rief der Gast überrascht: „La putana!" Der Wirt schmunzelte und beschloss dann kurzerhand, dass seine neue Kuchenkreation genau so heißen sollte.

SÜSSE POLENTA-LAIBCHEN NACH NONNA AMELIA (S. 171)

Und hier haben wir noch ein Rezept, das ich von meiner Schwiegermutter bekommen habe. Diese Polenta-Laibchen hat ihre Mutter immer zubereitet, aber natürlich kennt niemand die genaue Zutatenmenge. Denn wie bei allen Omas werden die Rezepte einfach nach Gefühl gemacht. Mehl? Ja, ja, so viel wie nötig. Okay, und Zucker? Ja, der kommt auch rein, aber nicht übertreiben und nicht zu geizig sein. Ist doch einfach, oder? Aber, wie ihr wisst, scheue ich Herausforderungen in der Küche nicht, somit habe ich sie nach bestem Wissen und Gewissen zubereitet und dann meiner Schwiegermutter zum Verkosten gegeben. Denn sie ist bestimmt die beste Ansprechpartnerin hierfür. Der erste Versuch war nicht so schlecht, der Geschmack ähnelte den Originalen, aber es war zu viel Mehl drin. Also habe ich sie nochmals gemacht, diesmal mit weniger Mehl, aber das war wohl zu wenig, denn sie sind dann beim Frittieren zerfallen. Beim dritten Versuch hat es dann geklappt: perfekte Polenta-Laibchen!

BÄRLAUCHKNÖDEL MIT RUCOLA UND SPARGELN (S. 174)

Altbackenes Brot, Rucola und Bärlauch spielen bei diesen Knödeln die Hauptrolle. Als gebürtige Südtirolerin koche ich recht oft Knödel, und zwar in allen möglichen Varianten. Sie schmecken nicht nur lecker, sondern sind auch eine ideale Möglichkeit, altbackenes Brot zu verwerten. Denn jeder weiß, Nahrungsmittel wirft man nicht weg.

HOLUNDERMOUSSE AUF SCHWARZBEERKOMPOTT (S. 242)

Wie ich es liebe, wenn im Frühling der Holunder blüht und sein fast magischer Duft durch die Luft getragen wird. Holunderblütensirup und gebackene Blüten sind bei mir schon lange nicht mehr die einzigen Hollergerichte (beide Rezepte findet ihr übrigens auf meinem Blog). In Kuchen, Gelees, Mousses und vielem mehr verstecke ich diese aromatischen Blüten gerne, denn es wäre ja schade, so ein tolles Geschenk der Natur nicht bestens zu nutzen.

DANKE

Meinen Eltern, meine Felsen in der Brandung, die mich seit jeher in allem unterstützen. Meiner Mutter, die mir die Leidenschaft und Liebe fürs Kochen vermittelt hat, und meinem Vater, mein offizieller Kritiker, der die besten Spiegeleier der Welt macht.

Meiner Oma Imma, der ich oft ein Stück Kuchen zum Verkosten bringe und die mich jedes Mal fragt, wo ich die Zeit finde, diesen zu backen. Meine Antwort ist stets dieselbe: „Du hast fünf Kinder großgezogen, nicht nur zwei, dennoch hat ein Kuchen auf deinem Tisch niemals gefehlt!"

Meiner Nonna Ottilia, die leider nicht mehr lebt, aber mit der ich mich bei meinen Besuchen ganze Nachmittage über Rezepte unterhielt.

Meiner Schwester, die für mich immer da ist, bei Tag und auch bei Nacht, und die sich gerne selbst bei uns zum Essen einlädt, auch wenn sie weiß, dass es fast schon eine Lotterie ist, weil sie immer ein neues Experiment verkosten muss.

Meinem Mann, der (fast) immer geduldig wartet, bis ich die Fotos vom Gericht geschossen habe, bevor er mit dem Essen loslegen kann. Dass Foodbloggerin sein nicht nur ein einfacher Zeitvertreib ist, ist ihm wahrscheinlich erst bewusst geworden, als er mich neuen Bekanntschaften vorstellte und diese konterten: „Ach ja, ich kenne sie, ich folge ihrem Blog!"

Meiner Schwiegermutter Mirella, der offiziellen Dealerin von Tellern und Besteck für meine Bilder. Wenn ich sie besuche, gehe ich auf Entdeckungsreise zwischen Tellern, Schneidebrettern, Besteck und Tassen und meist finde ich auch was für mein nächstes Fotoset.

Meinem Cousin Armin, der von Anfang an dabei war, der das Logo für meinen Blog entworfen hat und immer einen guten Rat für mich parat hat.

Meinen zwei Mädels Linda und Mara. Sie sind es, die lieber mit mir einen Kuchen backen oder Nudeln machen, anstatt vor dem Fernseher zu sitzen. Sie sind meine größten Fans. Sie, meine Zwei und Alles.

Und ein großes Dankeschön gilt natürlich meinen Followern, die mich täglich anspornen, mir begeisterte Feedbacks geben und mir Fotos von nachgekochten Rezepten schicken. Und die ganz Aufmerksamen unterstützen mich sogar beim Kampf gegen Tipp- und andere Fehler.

Die Autorin und Bloggerin

Julia Morat bloggt auf Italienisch auf ihrem Kochblog „PassioneCooking" und hat dabei die Fotografie als neue Leidenschaft entdeckt. Mit ihren Rezepten und Fotos begeistert
sie täglich ihre Follower.

Register

HAUPTSPEISEN

BEILAGEN

SÜSSES

Abkürzungen und Glossar

⊘	Zubereitungszeit
	Koch-/Backzeit
	Schwierigkeit
	Marinierzeit
	Ruhezeit
❄	Kühlzeit
	Einweichzeit
V	vegetarisches Rezept

EL	Esslöffel
TL	Teelöffel
Sauerrahm	Schmand
Pignoli	Pinienkerne
Marillen	Aprikosen
Melanzane	Auberginen
Polentamehl	Maismehl

Falls nicht anders angegeben,
wurden Eier der Größe M verwendet.
Statt Mehl 00 (Italien) kann auch Mehl 550
(Deutschland) verwendet werden.

KITCHENS ARE **OUR** PASSION.

next125
authentic kitchen

die.küche
la.cucina
by untermarzoner . since 1971

Sillnegg 1, 39057 Eppan | info@untermarzoner.it | 0471 665 948
www.untermarzoner.it | ⓕ @untermarzoner.kuechen

SKYR

DER FRISCHE GENUSS AUS DEN BERGEN
IL PIACERE FRESCO DI MONTAGNA

0%
FETT
GRASSI

+++
PROTEINE

ENTDECKE DIE FASZINIERENDE
VIELFALT AN GETREIDE, MEHLEN
UND ALLEM, WAS LUST AUF
BACKEN MACHT. UND NATÜRLICH
UNSERE BROTBACKKURSE UND
EVENTS.

Lievito Madre

23 Getreidesorten

Bio

Glutenfrei

Regiokorn

farinarium

Schauen, schmöckern, fragen. Lust bekommen.
Auf köstlichen Duft in der Küche und reine
Freude und Genuss beim Essen.
Willkommen im Farinarium - aus Leidenschaft
zum Getreide.

Farinarium der Meraner Mühle
Industriestraße 7, 39011 Lana, Südtirol
Tel. 0473 497297

www.meranermuehle.it
Mo-Fr: 8.00-12.30, 13.30-18.30; Sa: 9.00-12.30

MERANER MÜHLE
MOLINO MERANO